—— 乡村振兴特色优势产业培育工程丛书 ——

中国葡萄酒产业发展蓝皮书

（2023）

中国乡村发展志愿服务促进会 组织编写

中国出版集团
研究出版社

图书在版编目 (CIP) 数据

中国葡萄酒产业发展蓝皮书. 2023 / 中国乡村发展
志愿服务促进会组织编写. -- 北京 : 研究出版社,
2024.7

ISBN 978–7–5199–1681–7

Ⅰ.①中… Ⅱ.①中… Ⅲ.①葡萄酒 – 酿酒工业 – 产
业发展 – 研究报告 – 中国 – 2023 Ⅳ.①F426.82

中国国家版本馆CIP数据核字 (2024) 第110839号

出 品 人：陈建军
出版统筹：丁　波
责任编辑：朱唯唯

中国葡萄酒产业发展蓝皮书（2023）

ZHONGGUO PUTAOJIU CHANYE FAZHAN LANPI SHU (2023)

中国乡村发展志愿服务促进会　组织编写

研究出版社 出版发行

（100006　北京市东城区灯市口大街100号华腾商务楼）

北京建宏印刷有限公司印刷　新华书店经销

2024年7月第1版　2024年7月第1次印刷

开本：710毫米×1000毫米　1/16　印张：10.25

字数：162千字

ISBN 978–7–5199–1681–7　定价：39.00元

电话（010）64217619　64217652（发行部）

本书编写人员

主　　编：李　华

副 主 编：杨和财　刘　旭

编写人员：（按姓氏笔画排序）

王　华　王克亮　刘树文　李记明　何佳欣

宋育阳　张　波　张建生　房玉林　陶永胜

本书评审专家

（按姓氏笔画排序）

王祖明　王瑞元　孙宝忠　张忠涛　金　昱

赵世华　相　海　饶国栋　裴　东

编写说明

习近平总书记十分关心乡村特色优势产业的发展，作出一系列重要指示。2022年7月，习近平总书记在新疆考察时指出，要加快经济高质量发展，培育壮大特色优势产业，增强吸纳就业能力。2022年10月，习近平总书记在陕西考察时强调，产业振兴是乡村振兴的重中之重，要坚持精准发力，立足特色资源，关注市场需求，发展优势产业，促进一二三产业融合发展，更多更好惠及农村农民。2023年4月，习近平总书记在广东考察时要求，发展特色产业是实现乡村振兴的重要途径，要着力做好"土特产"文章，以产业振兴促进乡村全面振兴。党的二十大报告指出，发展乡村特色产业，拓宽农民增收致富渠道。巩固拓展脱贫攻坚成果，增强脱贫地区和脱贫群众内生发展动力。

为贯彻落实习近平总书记的重要指示和党的二十大精神，围绕"国之大者"，按照确保重要农产品供给和树立大食物观的要求，中国乡村发展志愿服务促进会认真总结脱贫攻坚期间产业扶贫经验，启动实施"乡村特色优势产业培育工程"，选择油茶、核桃、油橄榄、杂交构树、酿酒葡萄，青藏高原青稞、牦牛，新疆南疆核桃、红枣9个特色优势产业进行重点培育。这9个产业，都事关国计民生，经过多年的努力特别是脱贫攻坚期间的工作，具备了加快发展的基础和条件，不失时机地促进实现高质量发展，不仅是必要的，而且是可行的。中国乡村发展志愿服务促进会动员和聚合社会力量，促进发展木本油料，向山地要油料，加快补齐粮棉油中"油"的短板，是国之大者。促进发展核桃、杂交构树等，向植物要蛋白，加快补齐肉蛋奶中"奶"的短板，是国之大者。发展青藏高原青稞、牦牛和新疆南疆核桃、红枣，加快发展西北地区葡萄酒产业，是脱贫地区巩固拓展脱贫攻坚成果和实现乡村产业振兴的需要，也是实现农民特别是脱贫群众增收的重要措施。通过培育重点企业、强化科技支撑、扩大市场销售、对接金融资源、发布蓝皮书等工作，服务和促进9个特色优势产业加快发展，努力实现农民增收、企业盈利、消费者受益的目标。

发布蓝皮书是培育工程的一项重要内容，也是一项新的工作。旨在普及产业知识，记录产业发展轨迹，反映产业状况，推广良种良法，介绍全产业链开发的经验做法，对产业发展进行预测和展望。营造产业发展的良好社会氛围，加快实现高质量发展。2023年蓝皮书的出版发行，得到了社会各界的广泛认可，并被有关部门列入"乡村振兴好书荐读"书目。

2024年，为进一步提高蓝皮书的编撰质量，使其更具知识性、史料性、权威性，促进会提早着手、统筹谋划，统一编写思想和体例，提出数据采集要求，召开了编写提纲讨论会、编写调度会、专家评审研讨会等。经过半年多努力，现付梓面世。丛书的出版发行，得到了各方面的大力支持。我们诚挚感谢所有参加蓝皮书编写的人员及支持单位，感谢在百忙之中参加评审的专家，感谢为丛书出版提供支持的出版社和编辑。虽然是第二年编写蓝皮书，但因为对有些产业发展的最新数据掌握不全，加之水平有限，谬误在所难免，欢迎广大读者批评指正。

2024年4月23日，习近平总书记在重庆主持召开的新时代推动西部大开发座谈会上强调，要坚持把发展特色优势产业作为主攻方向，因地制宜发展新兴产业，加快西部地区产业转型升级。习近平总书记的重要指示，进一步坚定了我们继续编写特色产业蓝皮书的决心和信心。下一步，我们将认真学习贯彻习近平总书记重要指示精神，密切跟踪九大特色产业发展轨迹，关注分析国内外相关情况，加强编写队伍，争取把本丛书做精做好，做成品牌。

丛书编委会

2024年5月

代　序

乡村振兴特色优势产业培育工程实施方案

中国乡村发展志愿服务促进会

2022年7月11日

民族要复兴，乡村必振兴。脱贫攻坚任务胜利完成以后，"三农"工作重心历史性转到全面推进乡村振兴。为贯彻落实习近平总书记关于粮食安全的重要指示精神，落实《国家乡村振兴局 民政部关于印发〈社会组织助力乡村振兴专项行动方案〉的通知》（国乡振发〔2022〕5号）要求，中国乡村发展志愿服务促进会（以下简称促进会）认真总结脱贫攻坚期间产业扶贫经验，选择油茶、油橄榄、核桃、酿酒葡萄、杂交构树，青藏高原青稞、牦牛，新疆南疆核桃、红枣9个特色优势产业进行重点培育，编制《乡村振兴特色优势产业培育工程实施方案》（以下简称《实施方案》）。

一、总体要求

（一）指导思想

以习近平新时代中国特色社会主义思想为指导，全面贯彻习近平总书记关于"三农"工作的重要论述，立足新发展阶段，贯彻新发展理念，构建新发展格局，落实高质量发展要求。按照乡村要振兴、产业必先行的理念，坚持"大

1

食物观"，立足不与粮争地，坚守18亿亩耕地红线，本着向山地要油料、向构树要蛋白的思路，加快补齐粮棉油中"油"的短板、肉蛋奶中"奶"的短板，持续推进乡村振兴特色优势产业培育工程。立足帮助优质农产品出村进城，不断丰富市民的"米袋子""菜篮子""果盘子""油瓶子"，鼓起脱贫地区人民群众的"钱袋子"。立足推动农业高质高效、乡村宜居宜业、农民富裕富足，为全面推进乡村振兴、加快农业农村现代化提供有力支撑。

（二）基本原则

——坚持政策引导，龙头带动。以政策支持为前提，积极为产业发展和参与企业争取政策支持。尊重市场规律，发挥市场主体作用，择优扶持龙头企业做大做强，充分发挥龙头企业的示范带动作用。

——坚持突出重点，分类实施。突出深度脱贫地区，遴选基础条件好、带动能力强的企业，进行重点培育。按照"分产业、分区域、分重点"原则，积极推进全产业链发展。

——坚持科技支撑，金融助力。加强对特色优势产业发展的科研攻关、科技赋能作用，促进科研成果及时转化。对接金融政策，促进企业不断增强研发能力、生产能力、销售能力。

——坚持行业指导，社会参与。充分发挥行业协会指导、沟通、协调、监督作用，帮助企业加快发展，实施行业规范自律。充分调动社会各方广泛参与，"各炒一盘菜，共办一桌席"，共同助力产业发展。

——坚持高质量发展，增收富民。坚持"绿水青山就是金山银山"理念，帮助企业转变生产方式，按照高质量发展要求，促进产业发展、企业增效、农民增收、生态增值。

（三）主要目标

对标对表国家"十四五"规划和2035年远景目标纲要，设定到2025年、2035年两个阶段目标。

——到2025年，布局特色优势产业培育工程，先行试点，以点带面，实现突破性进展，取得明显成效。完成9个特色优势产业种养适生区的划定，推广"良种良法"，建设一批生产基地。培育一批龙头企业、专业合作社和家庭农场等市场主体，建立重点帮扶企业库，发挥引领带动作用。聘请一批知名专家，建立专家库，做好科技支撑服务工作。培养一批生产、销售和管理人才，增强市场主体内生动力，促进形成联农带农富农的帮扶机制。

——到2035年，特色优势产业培育工程形成产业规模，实现高质量发展。品种和产品研发取得重大突破，拥有多个高产优质品种和市场占有率高的产品。种养规模与市场需求相适应，加工技术不断创新，产品质量明显提升，销售盈利能力不断拓展，品牌影响力明显增强。拥有一批品种和产品研发专家，一批产业发展领军人才和产业致富带头人，一批社会化服务专业人才。市场主体发展壮大，实现一批企业上市。联农带农富农帮扶机制更加稳固，为共同富裕添砖加瓦，作出积极贡献。

二、重点工作

围绕特色优势产业培育工程目标，以"培育重点企业、建立专家库、实施消费帮、搭建资金池、发布蓝皮书"为抓手，根据帮扶地区自然禀赋和产业基础条件，做好五项重点工作。

（一）培育重点企业

围绕中西部地区，特别是三区三州和乡村振兴重点帮扶县，按照全产业链发展的思路遴选一批产业基础好、发展潜力大、创新能力强的企业，建立重点帮扶企业库，作为重点进行培育。对有条件的龙头企业，按照上市公司要求和现代企业制度，从政策对接、金融支持、消费帮扶等方面进行重点培育，条件成熟的推荐上市。

（二）强化科技支撑

遴选一批品种研发、产品开发、技术推广、工艺研究等方面的专家，建立专家库，有针对性地对制约产业发展的"卡脖子"技术难题进行联合攻关。为企业量身研发、培育种子种苗，用"良种良法"助力企业扩大种养规模。加强产品研发攻关，提高产品品质和市场竞争力。充分发挥企业家在技术创新中的重要作用，鼓励企业加大研发投入，承接和转化科研单位研究成果，搞好技术设备更新改造，强化科技赋能作用。

（三）扩大市场销售

帮助企业进行帮扶产品认定认证，给帮扶地区产品提供"身份证"，引导销售。利用促进会"帮扶网""三馆一柜"等平台和载体，采取线上线下多种方式销售。通过专题研讨、案例推介等形式，开展活动营销。通过每年发布蓝皮书活动，帮助企业扩大影响，唱响品牌，进行品牌销售。

（四）对接金融资源

帮助企业对接国有金融机构、民营投资机构，引导多类资金对特色优势产业培育工程进行投资、贷款，支持发展。积极与有关产业资本合作，按照国家政策规定，推进设立特色优势产业发展基金，支持相关产业发展。利用国家有关上市绿色通道，帮扶企业上市融资。

（五）发布蓝皮书

组织专家编写分产业的特色优势产业发展蓝皮书。做好产业发展资料收集、整理、分析工作，加强国内外发展情况对比分析，在总结分析和深入研究的基础上，按照蓝皮书的基本要求组织编写，每年6月前对外发布上一年度产业发展蓝皮书。

三、保障措施

（一）组建项目组

促进会成立项目组，制定《实施方案》并组织实施。项目组动员组织专家、企业家和有关单位，分别成立9个项目工作组，制定产业发展实施方案并组织实施。做好产业发展年度总结，编写好分产业特色优势产业发展蓝皮书。

（二）争取政策支持

帮助重点龙头企业对接国家有关产业政策、产业发展项目。协调相关部门，加大帮扶工作力度，争取将脱贫地区重点龙头企业的产业发展规划纳入国家有关部门和有关地区的专项发展规划并给予支持。争取各类金融机构对重点帮扶龙头企业给予贷款、融资优惠,助力重点帮扶企业加快发展。

(三)坚持典型引领

选择一批资源禀赋好、发展潜力大、市场前景广的种养基地作为示范种养典型,选择一批加工能力精深、技术先进、效益良好的龙头企业作为产品加工示范典型,选择一批增收增效、联农带农富农机制好的市场主体作为联农带农富农典型。通过典型示范,引领特色优势产业培育工程加快发展。

(四)搞好社会动员

建立激励机制,让热心参与特色优势产业发展的单位和个人政治上有荣誉、事业上有发展、社会上受尊重、经济上有效益。加强宣传工作,充分运用电视、网络等多种媒体,加大舆论宣传推广力度,营造助力特色优势产业培育工程的良好社会氛围。招募志愿者,创造条件让志愿者积极参与特色优势产业培育工程。

(五)加强协调促进

充分利用促进会在脱贫攻坚阶段取得的产业发展经验和社会影响力,协调脱贫地区龙头企业对接产业政策,动员产业专家参与企业技术升级和产品研发,衔接金融资源帮助企业解决资金难题。发挥行业协会的积极作用,按照公开、透明、规范要求,帮助企业规范运行,自我约束,健康发展。

四、组织实施

(一)规范运行

在促进会的统一领导下,项目组和项目工作组根据职责分工,努力推进9个特色优势产业培育工程实施。项目组要根据产业特点组织制定专家库、重点帮扶企业库的建设与管理办法、产业发展培育项目管理办法,包括金融支持、消费帮扶、评估评价等办法,做好项目具体实施工作。

(二)宣传发动

以全媒体宣传为主,充分发挥新媒体优势,不断为特色优势产业培育工程实施营造良好的政策环境、舆论环境、市场环境,让企业家专心生产经营。宣传动员社会各方力量，为特色优势产业培育工程建言献策。

（三）评估评价

发动市场主体进行自我评价，通过第三方调查等办法进行社会评价。特色优势产业培育工程项目组组织有关专家、行业协会、企业代表，对9个特色优势产业发展情况、市场主体进行专项评价。在此基础上，进行评估评价，形成特色优势产业发展年度评价报告。

CONTENTS | 目录

绪 论 / 001

第一节　中国葡萄酒产业新征程 …………………… 001

第二节　中国葡萄酒市场新格局 …………………… 004

第三节　中国葡萄酒产业乡村振兴新模式 ………… 005

第四节　中国葡萄酒产业新趋势 …………………… 007

第五节　本书编撰基础及其结构 …………………… 009

第六节　2023年中国葡萄酒产业发生的重要变化 ………… 010

第一章

中国在世界葡萄酒产业中的地位 / 011

第一节　葡萄种植面积 ……………………………… 012

第二节　葡萄酒产量 ………………………………… 015

第三节　葡萄酒消费量 ……………………………… 017

第四节　葡萄酒国际贸易 …………………………… 019

　一、贸易量 ………………………………………… 020

　二、贸易额 ………………………………………… 022

I

三、各类葡萄酒的国际贸易 ·· 024

第二章

中国葡萄酒产业发展现状 / *027*

第一节　酿酒葡萄种植 ·· 028

一、面积持续下滑 ·· 029

二、布局不断优化 ·· 030

三、品种更加多元化 ·· 031

四、栽培极简化、生态化 ·· 031

第二节　葡萄酒 ·· 033

一、产量、消费量双双下降 ·· 033

二、质量不断上升 ·· 034

三、结构持续优化 ·· 035

四、定价策略市场化 ·· 035

五、市场反应超预期 ·· 036

第三节　产业新特征 ·· 038

一、三产融合发展 ·· 038

二、科技支撑发展 ·· 039

三、品质化发展 ·· 039

四、酒庄集群化发展 ·· 039

五、品牌化发展 ·· 040

第三章

中国主要葡萄酒产区发展现状 / 041

第一节　新疆产区 ·· 042

一、自然特征 ·· 042

二、产区发展现状 ·· 043

三、产区优势 ·· 046

四、存在问题 ·· 046

五、展望 ·· 047

第二节　宁夏贺兰山东麓产区 ································ 047

一、自然特征 ·· 048

二、产区发展现状 ·· 049

三、产区优势 ·· 051

四、存在问题 ·· 051

五、展望 ·· 052

第三节　京津冀产区 ·· 052

一、自然特征 ·· 053

二、产区发展现状 ·· 054

三、产区优势 ·· 057

四、存在问题 ·· 058

五、展望 ·· 059

第四节　山东产区 ·· 059

一、自然特征 ·· 060

二、产区发展现状 ·· 061

三、产区优势 ·· 063

四、存在问题 ·· 064

五、展望 ………………………………………………………… 065

第五节　东北产区 ………………………………………………… 068

一、自然特征 …………………………………………………… 068

二、产区发展现状 ……………………………………………… 069

三、产区优势 …………………………………………………… 071

四、存在问题 …………………………………………………… 072

五、展望 ………………………………………………………… 073

第六节　河西走廊产区 …………………………………………… 074

一、自然特征 …………………………………………………… 074

二、产区发展现状 ……………………………………………… 075

三、产区优势 …………………………………………………… 076

四、存在问题 …………………………………………………… 077

五、展望 ………………………………………………………… 078

第七节　其他产区 ………………………………………………… 078

第四章

中国葡萄酒产销渠道发展现状 / 081

第一节　产销体系建设 …………………………………………… 082

一、产区营销起势：从"请进来"到"走出去" ………………… 082

二、酒庄：面向全国，走向国际 ……………………………… 084

三、销售端链接生产端：从被动到主动 ……………………… 085

四、市场培育：从教育到体验 ………………………………… 088

第二节　区域市场发展特点 ……………………………………… 089

一、上海：渠道加速转型，消费以"宠"为美 ………………… 090

二、深圳：市场"风向标"和"桥头堡" ……………………… 091

三、成都: 增量空间巨大 ··· 093

四、杭州: 高品质 "小资情调" 市场 ······························ 095

第三节　市场渠道发展特点 ·· 096

一、分销代理制下的经销商 "生态" ······························ 096

二、发力宴席市场, 力图 "破圈" ································· 099

三、小酒馆盛行, 把握新业态 ······································ 101

四、专卖店 "化形", 打造 "一千米消费圈" ················ 103

五、新电商趋稳, 抓住直播带货红利期 ······················ 105

第五章

中国葡萄酒产业发展趋势与对策 / 109

第一节　葡萄酒产业发展预测 ·· 110

一、酿酒葡萄栽培面积 ··· 111

二、葡萄酒产量 ··· 111

三、葡萄酒消费量 ·· 112

四、葡萄酒进口量 ·· 113

五、葡萄酒出口量 ·· 114

六、葡萄酒市场走势 ··· 114

第二节　中国葡萄酒产业发展的主要问题 ····················· 116

一、市场竞争乏力 ·· 116

二、项目投入和产业增速逐年下滑 ······························· 116

三、产业发展不平衡不协调 ·· 117

四、产业融合效率效益低下 ·· 117

第三节　中国葡萄酒产业发展存在问题的原因分析 ·········· 117

一、葡萄酒文化建设滞后 ··· 118

二、投入产出比下降 ……………………………………… 118

三、社会化服务体系不健全 ……………………………… 119

四、成果转化意识淡薄 …………………………………… 119

五、产业链不完善 ………………………………………… 119

六、产业融合体制机制不灵活 …………………………… 120

第四节 中国葡萄酒产业发展的对策建议 ……………… 120

一、深耕产区，塑造不同产区多样化的葡萄酒风格特色 …… 120

二、培育品牌，强化产业发展重心更加倾向市场和消费 …… 121

三、促进葡萄酒产业向西部转移，东西一体化协调发展 …… 121

四、加强葡萄酒消费文化体系建设 ……………………… 122

五、建设完善的社会化服务体系 ………………………… 122

六、加快科技成果转化 …………………………………… 123

七、促进产业融合，加快完善全产业链 ………………… 123

八、产业数字化转型 ……………………………………… 123

九、加大帮扶力度 ………………………………………… 124

附录1 2023年葡萄酒产业大事记 …………………… 126

附录2 葡萄酒产业促进乡村振兴典型案例 ………… 133

参考文献 ………………………………………………… 138

后 记 …………………………………………………… 143

绪 论

中华人民共和国成立以后，特别是改革开放以来，我国葡萄酒产业进入了蓬勃发展的阶段。目前，中国葡萄酒产业是一个充满活力的朝阳产业，在国内外市场上都取得了不俗的成绩。

第一节 中国葡萄酒产业新征程

葡萄酒产业是一个具有广阔发展前景的产业。中国葡萄酒产业虽然有着悠久的历史和灿烂的文化，但随着世界工业革命的兴起，近代中国的葡萄酒生产一直处于落后状态，与世界先进水平有着一定的差距。从中华人民共和国成立到1978年，葡萄酒产业经历了初期的恢复与成长、中期建设阶段，1978年以来又经历了发展、快速崛起和深度调整三个阶段。在从引进、模仿到自主创新的发展过程中，形成了以张裕、长城等为代表的国内知名品牌，也吸引了法国、意大利、澳大利亚等国际品牌进入中国市场。中国葡萄酒产业新征程，是指中国葡萄酒产业在发展中面临的新的历史条件和发展机遇。中国现代葡萄酒产业虽然起步较晚，但是随着国内市场的不断扩大，加之政策的扶持，正迈进一个崭新的发展阶段。

中国葡萄酒行业在转型升级的关键时期，面对的是复杂的背景。一方面，国内外市场需求低迷、行业竞争加剧、原料成本上升等因素，导致企业经营效益持续下滑，多家企业陷入困境。另一方面，消费升级、健康意识增强、文化传播加快等因素推动了产业创新发展，出现了高端化、个性化、多元化的新趋势，也为产业带来了新的增长点。同时，中央主管部门和各个产区地方政府高度重视葡萄酒产业的发展，出台了相关支持政策，为产业提供了良好的发展环境。在新的历史时期，中国葡萄酒产业面临着新的机遇和挑战，需要进一步提升品质、创新品牌、拓展市场、弘扬文化，开启新的征程。

在世界葡萄酒圈里，一个热词"Terroir"广为传播。这是一个法语词，翻译过来叫"风土"。风土是葡萄酒质量所有因素的一个集大成者，涉及气候、土壤、海拔、坡向和人文等因素。这就需要我们研究、探索、诠释各产区葡萄酒的风土特征，并通过与之相适应的技术标准。风土自信，是指中国葡萄酒生产者对自己所处的土地、气候、地理和生态环境的认同和信赖，对所采用的与产地生态条件相适应的葡萄品种、栽培方式和酿造工艺的选择和坚持。对现有11大葡萄酒产区的分布进行分析，无论是在经纬度平面上，还是在海拔高度上，在世界各葡萄酒生产国中，中国葡萄酒产区的分布范围都是最广的。各产区的生态条件和人文氛围差异很大，为葡萄酒的发展提供了巨大的风土多样性潜力，这就是我们风土自信的自然基础。因此，加强能表现各产区风土的品种结构研究，保证产区葡萄酒的多样性和个性，是目前提高中国葡萄酒竞争力的最重要的工作。

葡萄酒的人文自信，是指中国葡萄酒生产者对自身所拥有的历史、文化、传统和价值观的尊重与继承，对自身所面临的现实、挑战、机遇和未来的判断与规划。中国是世界上最早用葡萄酿酒的国度，有着悠久而灿烂的葡萄酒文化。在葡萄酒世界中，中国属于比"旧世界"和"新世界"历史更悠久、文化更灿烂的"古文明世界"，葡萄酒文化生生不息、绵延至今。当今中国葡萄酒生产者应该继承这一优秀的文化遗产，结合自己的创新和实践，创造出具有中国特色和时代精神的优质葡萄酒，展现出中国葡萄酒的历史文化内涵，在推动葡萄酒产业发展的同时促进文化传承。

中国是世界上最大的葡萄酒消费市场之一，也是最具潜力和活力的葡萄酒生产国之一。中国葡萄酒生产者应以可持续高质量发展为目标，坚持"强化风格、提高质量、降低成本、节能减排"的16字方针,提高自己的产品质量和服务水平,提升品牌影响力和市场竞争力,实现产区经济、社会、生态的全面发展,展现中国葡萄酒的产业价值。

葡萄酒产业是一二三产业高度融合的复合型产业,产业链长,关联性强,与"三农"问题、乡村振兴和生态文明建设息息相关,符合乡村振兴的新要求。但目前中国葡萄酒产业发展仍以第一产业种植、第二产业酿造生产为主,第三产业即葡萄酒服务业发展相对滞后,"葡萄酒+"、葡萄酒旅游、葡萄酒教育、创意产业发展尚处在起步阶段,产品附加值和产业综合效益低,尤其在新冠疫情期间,原有传统的资源驱动型增长方式难以为继。为此,如何加快产业转型,盘活存量,扩大增量,激发能量,引领葡萄酒智慧产业、数字经济等快速发展,构建促进葡萄酒产品更有特色、科技创新力更强、文化附加值更高、经济效益更显著的现代葡萄酒产业体系,推动葡萄酒产业治理现代化、旅游国际化、生态环境园林化,提高产业经济效益、核心竞争力和生态系统服务功能,对产业转型及高质量发展具有非常重要的现实意义。

目前,我国正在构建国内大循环为主、国内国际双循环相互促进的新格局。经过40多年的探索和努力,我国已完成了酿酒葡萄气候区划,初步完善了产业布局,形成了各具特色的11大产区,逐步形成了覆盖从土地到餐桌的葡萄酒法规和市场监管体系,构建了相对合理的葡萄酒高等教育、科学研究和成果推广体系,创立了葡萄酒全程质量控制技术体系。特别是经过多年的深度调整和供给侧改革,葡萄酒产业正在向更加优良的西部地区转移,酒庄葡萄酒蓬勃发展,中国葡萄酒质量大幅提高,在国内外专业赛事上频频获奖,赢得了国内外广大消费者的欢迎。中国已进入世界葡萄酒大国的行列,正在以更加自信、更加昂扬的姿态,加大与法国、意大利、德国、美国、澳大利亚等世界主要葡萄酒生产国的合作与交流,扩大对外开放,将葡萄酒产业融入"一带一路"建设,顺应以国内大循环为主、国内国际双循环相互促进的新格局,全力加快我国葡萄酒产业"走出去",促进中国葡萄酒品牌国际化。此外,中国是世界第二大经济体,14亿人口中有4亿多中等收入群体,消费潜力巨大,中国消费者正在成为世界葡萄酒消费的生力军和推动者。

因此，中国葡萄酒产业正处于一个新的征程，从历史自信、风土自信、文化自信到经济基础以及法律法规等方面的不断完善，都会共同助推葡萄酒产业发展，让中国的葡萄酒产业实现新的飞跃。

第二节　中国葡萄酒市场新格局

葡萄酒是特殊商品，它和社会的经济发展、人民生活品质、商业氛围都密切相连。2020年6月，习近平总书记在宁夏考察时，深入葡萄种植园，强调"随着人民生活水平不断提高，葡萄酒产业大有前景"。可以预见，中国各个行业的品牌都在不断从过去的"跟跑"逐渐走向"领跑"，"卡脖子"的领域都将被一一攻克。外部环境的不确定性，对中国葡萄酒产业也造成了一定的冲击。但是从全球视角来看，中国葡萄酒产业作为世界葡萄酒产业的一部分，目前的"产消双降"局面只是短周期波动和产业深度调整的结果。中国葡萄酒产业未来的发展，呈现的仍是增量竞争，而不是存量竞争。面临百年未有之大变局，国产葡萄酒行业如何抓住未来的发展趋势，获得长效发展的新动能，培育完整的葡萄酒内需体系，建设葡萄酒市场营销体系，建立以国内葡萄酒内循环为主体、国内国际葡萄酒双循环相互促进的新发展格局显得尤为重要。

从大局着眼，中国市场上的国产葡萄酒正在走上葡萄酒消费舞台的中心。实现中华民族伟大复兴，这是全体中国人的梦想；希望越来越多的中国企业走在世界前列，也希望越来越多的国产品牌站上世界舞台，这是不可逆的共识。我们必须抓住机遇，大力提升国产葡萄酒产区品牌和产品竞争力，持续加强市场运作规划、市场配套体系、业务组织结构及多场景消费体验与引导机制的完善，提升自身的竞争力与获取商业资源的实力，推动中国葡萄酒产区经济发展。

葡萄酒产业是一个具有高度竞争特点的全球化产业，作为世界重要的葡萄酒生产、消费和国际贸易国，中国葡萄酒产业也必然置身其中，唯有直面市场，提升综合竞争力，才能在国际竞争中勇立潮头，行稳致远。作为食品产业的重要组成部分，我国葡萄酒产业在酿酒葡萄基地建设、葡萄酒品类创新、品牌推广、消费者培育等诸多方面快速发展，取得了长足进步，已成为全球新兴葡萄酒市场的重要力量。中国葡萄酒产业的竞争力在不断增强。品牌形象已经基本形成，市场需求也在不断扩大，产业发展呈现出多重特点：生态优势明显，发展空间巨大；国潮兴起，中国品牌持续发力；消费走低，但市场潜力巨大；产业集群加速，产区效应进一步放大；政府大力支持，规划引领发展；进口压力较大，出口快速增长。

在这样的背景下，各产区应深入发掘产区风土、生态等资源优势，兼顾利益相关者权益，提高产业组织化水平，坚持创新发展，推动葡萄酒产业向个性化、高性价比、集约化、复合化方向发展，因地制宜地培育和打造独具特色的产区竞争力。为了进一步提升我国葡萄酒产业竞争力，必须：树立全产业链理念，做强一产、做优二产、做活三产；进一步深化供给侧结构性改革，优化产业规模和布局；加强优良葡萄品种的引选育和苗木标准化生产体系建设；培育新型经营主体，提升产业化经营水平；建立信息共享平台，促进产销衔接；加强葡萄酒文化建设，提升和丰富葡萄酒品牌内涵；勇于创新，有效利用"互联网+"的优势竞争力。同时应注重产业层面的协同发展和政策支撑，建立完善的科学研究和成果推广机制，建设中国特色的人才培训和葡萄酒社会教育体系。

第三节　中国葡萄酒产业乡村振兴新模式

我国葡萄酒生产涉及全国26个省（区、市），主要产区分布在新疆、宁夏、甘肃、山东和河北等省（区）。由于我国酿酒葡萄的种植区域多在中西部等欠发达地区，且种植酿酒葡萄的环境大部分是戈壁荒滩，葡萄酒产业在稳边固边、区域协调发展和乡村振兴中发挥着极其重要的作用，因而受到党和国家的关注。

　　酿酒葡萄种植为当地农民带来了稳定的收入来源，也促进了当地农业结构调整和农村经济发展。"十三五"时期，我国葡萄酒品质大幅提升，目前已从品质向品牌阶段迈进，已经形成的11大特色产区，围绕葡萄酒产业的酒旅融合发展初具规模，在葡萄酒文化建设和当地风土资源的挖掘方面都取得了长足的进步。

　　产业融合、辐射发展、帮农富民是葡萄酒产业落实乡村振兴战略的重要支撑。葡萄酒产业是国际农业中的高等农业、精品农业和品牌农业的典型代表。尤其在发达国家，葡萄酒产业更是国民经济中的重要板块。葡萄酒产业是集合农工教等多位一体的多产业融合、多业态叠加的复合型产业。在国内，葡萄种植区域广泛、葡萄栽培历史悠久、葡萄品种丰富等特点，使得葡萄酒产业在中国具有良好的发展基础和发展的内生动力。新疆、宁夏、甘肃等民族聚居区、生态保护区和生态移民区，通过工资性收入发放、新型农业合作经营主体建立和酒旅融合等创新创业模式的带动，以传统农业、精深加工及品牌塑造和市场营销等为主要抓手，全面启动现代化农业的发展，具有历史性意义，是国内现代农业产业中通过"一品一业"促进乡村全面振兴的典型，具有示范引领作用。

　　为了充分发挥葡萄酒产业助推我国乡村振兴建设的重要作用，葡萄酒产业必须采用联动发展的模式。葡萄酒是一种历史悠久、具有文化特色的产品，葡萄酒的生产与销售，涉及农业、工业、服务业，从原料的采摘、运输，到企业的生产与酿造，再到物流、展销，整条生产服务链涉及企业众多、涵盖面广，全产业要素可联动发展、集群合作。从概念上讲，葡萄酒集群发展是指在一定的地理区域内，以酿酒葡萄种植、葡萄酒酿造、葡萄酒销售为主要产业的企业和机构形成协同创新网络。葡萄酒集群发展有利于提升葡萄酒产业的竞争力和创新能力，促进产业结构优化和区域经济发展。葡萄酒文旅是指以葡萄酒为主题，结合文化、旅游、休闲等要素打造的综合性旅游产品。葡萄酒文旅可以丰富葡萄酒的内涵和价值，增加消费者的体验和认知，拓展葡萄酒的市场需求和消费场景。葡萄酒产业链是指从酿酒葡萄种植、收购、酿造、包装、储存、运输、销售到消费等各环节构成的完整产业体系。葡萄酒产业链涉及多个行业和领域,具有较强的关联性和带动性,对于提高葡萄酒的品质和效益、促进相关产业的协调发展具有重要意义。

中国葡萄酒产业联动发展需要在政府的引导和支持下,通过加强葡萄酒集群发展、葡萄酒文旅和葡萄酒产业链之间的协作和互动,形成优势互补、共赢发展的局面。中国葡萄酒产业联动发展可以充分利用各地区的自然资源和文化特色,打造具有中国特色的葡萄酒品牌和产区,提升中国葡萄酒在国内外市场的地位、影响力和竞争力,促进中国葡萄酒文化的传播和推广。

葡萄酒产业具有高价值、高密度的产业互联关系,产业联动发展将是令葡萄酒产业更上一层楼的推动剂,更是葡萄酒产业深入根植、高效发展的动力源泉。一个企业的成功可能是偶然的,一个产业的成功则是产业内大中小企业共同努力的结果。葡萄酒作为新兴产业,产业链日渐成熟和完整,产业联动发展是大势所趋。

第四节　中国葡萄酒产业新趋势

改革开放以来,中国葡萄酒产业进入了高速发展的阶段,葡萄酒从土地到餐桌的全程质量控制、葡萄酒高等教育和科技均取得了长足的进步,有力支撑我国成长为世界葡萄酒生产大国。在这个过程中,我国葡萄酒科技发挥了巨大作用,使得葡萄酒产业布局更加合理,品种和酒种更加多元,酿酒葡萄栽培和葡萄酒酿造技术更加先进,产业经济研究更加深入。同时我国葡萄酒科技也呈现出了一些新特点、新趋势,主要表现在:产区集中度将进一步由东部产区向西部产区转移,与之相伴的是中国葡萄酒的整体质量将进一步提高;葡萄栽培将更加生态化、智慧化,并向无人化发展;葡萄品种选育目标将更加趋于优质抗逆,特别是获得在埋土防寒区也可以进行免埋栽培的优良新品种;在葡萄酒酿造方面,将通过厘清环境、葡萄园管理、葡萄品种、微生物群体等之间的关系,发现各类自然微生物在葡萄酒发酵过程中的动态变化规律、各种酶在葡萄酒生化过程中的动态变化规律，优化自然葡萄酒原料生产子系统、自然葡萄酒生物转化子系统和自然葡萄酒成熟稳定子系统，最终完善自然葡萄酒的生产工艺系统，形成各产区葡萄酒连续、统一的自然葡萄酒生产工艺体系；等等。中国葡萄酒行业产学研将更加深入融合发展，同时加快建设具有中国特色的葡萄酒社会教育体系。

另外，在新兴技术的支持下，葡萄酒产业正在加强下列技术的应用。

（1）人工智能。人工智能可以帮助葡萄酒生产者分析葡萄园的土壤、气候、病虫害等数据，优化种植和收获的时机和方式，提高葡萄的质量和产量。人工智能还可以辅助葡萄酒的酿造、调配、储存和运输，控制葡萄酒的风格和稳定性。此外，人工智能还可以通过大数据和机器学习，分析消费者的喜好和行为，为葡萄酒的市场推广和销售提供智能化的建议和解决方案。

（2）生物技术。可以利用微生物、基因工程、纳米技术等生物技术手段，改善葡萄酒的品质和安全性。例如，通过选育或转基因的方式，可以培育出适应不同环境和需求的葡萄品种和酵母菌种，增加葡萄酒的多样性，促进其个性化发展。通过利用纳米技术，可以开发出更高效和环保的过滤、杀菌、防氧化等设备和材料，保证葡萄酒的清洁度和新鲜度。通过利用微生物，可以降低葡萄酒中的硫化物等影响风味的物质含量，提高葡萄酒的质量，改进葡萄酒的风味。

（3）数字化。可以通过互联网、物联网、区块链等技术，实现葡萄酒产业链的信息化、透明化和智能化。例如，通过互联网平台，可以实现葡萄酒的在线交易、评价、教育和社交，拓展葡萄酒的消费群体和市场规模。通过物联网技术，可以实现葡萄酒的远程监控、追踪和溯源，保障葡萄酒的质量和信誉。通过区块链技术，可以实现葡萄酒的数字身份认证和保护，防止造假和侵权等。

科技是推动中国葡萄酒产业发展的重要力量。中国葡萄酒科技新趋势展现了中国葡萄酒产业的活力和潜力，也为中国葡萄酒消费者带来了更多的选择和体验。未来发展的趋势和发展的方向将是多元化、产业链化和品牌化，实现技术、质量、历程等多个方面的提升，推动产业的整体进步。

目前中国葡萄酒产业正在着力推进"产区风格世界唯一"的差异化战略，坚持品牌建设的引导战略，坚持市场营销创新的决胜战略，坚持企业管理创新的保证战略，使我国朝着世界葡萄酒强国的目标迈进。

总之，中国葡萄酒行业发展路径是一条不断探索和创新的道路，需要业内外的共同努力和支持。只有这样，才能让中国葡萄酒这一古老而新兴的产业重放光彩，以全新的姿态屹立于世界葡萄酒之林。

第五节　本书编撰基础及其结构

2023年10月，在中国乡村发展志愿服务促进会领导的关心和指导下，中国乡村发展志愿服务促进会产业促进部委托李华教授牵头，成立了由相关专家组成的课题组，负责编写《中国葡萄酒产业发展蓝皮书（2023）》。课题组成员通力合作，经过蓝皮书大纲设计、文献调研、问卷调查、实地考察、个别访谈、数据分析等环节，并多次召开专题研讨会，最终形成了本书撰写大纲，确定了撰写任务分工，并由李华教授统稿。

在本书的撰写过程中，我们得到了葡萄酒产业相关领导、各产区同行的密切配合和无私的帮助，收集了各产区产业政策、产业数据及案例等有价值的资料。2024年2月，中国乡村发展志愿服务促进会组织相关专家讨论，对本书提出了许多宝贵的意见和建议。

本书中的中国11个主要产区连续30余年（1991—2022年）的酿酒葡萄种植面积、酿酒葡萄产量和葡萄酒产量的统计数据主要来源于国家统计局（https://www.stats.gov.cn/）、中国研究论文和文献综述、政府工作报告和公报，以及各省（区、市）的历年统计年鉴，如《宁夏统计年鉴》《中国葡萄酒年鉴》和《中国酿酒工业年鉴》等文献资料，同时参考前瞻数据库（https://d.qianzhan.com/）、中国经济社会大数据研究平台（https://data.cnki.net/）等多种数据库以及葡萄酒信息网（http://www.winechina.com/）、葡萄酒资讯网（https://www.winesinfo.

com/）等网站相关数据。对于缺失3年以内的数据，参照数据处理的内插法和平推法，利用前后年份的平均值进行替代。对于缺失年份较多的数据，则根据酿酒葡萄种植面积、酿酒葡萄产量和葡萄酒产量的相互关系进行推导补充。经数据的核对和分析，确保数据准确性，基本能够整体反映中国葡萄酒产区30余年的发展趋势。

通过对中国酿酒葡萄产业发展相关的资料、数据的采集、整理与分析，系统凝集最新生产、科研和理论成果，综合运用定量分析和定性分析等多种方法，吸收多方意见和建议，力图从中国在世界葡萄酒产业中的地位、中国葡萄酒产业发展现状、中国葡萄酒主要产区发展现状、中国葡萄酒产销渠道发展现状及中国葡萄酒产业发展趋势与对策等方面，全面系统、客观公正地反映中国葡萄酒产业发展的真实情况，为推动中国葡萄酒产业可持续、高质量发展作出贡献。

第六节　2023年中国葡萄酒产业发生的重要变化

过去的2023年，中国葡萄酒产业从土地到餐桌全产业链均发生了一定的变化，主要表现如下：①酿酒葡萄种植面积持续下滑，但是种植区域布局不断优化，非埋土防寒区、高品质产区受到关注和追捧。小众特色葡萄品种进一步得到推广，极简化、生态化栽培技术更加深入企业和果农心中。②葡萄酒智能酿造在更多产区、酒庄进行尝试和推广，葡萄酒生产效率、产品品质和质量追溯体系进一步提升和完善。③同世界葡萄酒产业一致，我国葡萄酒产量和消费量持续下降，但是干白、起泡、低醇等酒种消费逐渐兴起，消费场景和群体出现更多的新兴类型。④三产融合、科技支撑、集群化和品牌化发展特征更加清晰。⑤国家和地方政府对葡萄酒产业发展的支持政策总体呈增强趋势，但是各个产区经济形势不一，支持力度不尽相同。

第一章

中国在世界葡萄酒产业中的地位

据国际葡萄与葡萄酒组织（OIV）数据，2022年全球葡萄种植面积估计为730万公顷，与2021年相比仅略有下降（-0.4%）。自2017年以来，世界葡萄种植面积已经基本稳定下来，但这种稳定掩盖了主要国家间葡萄种植面积的差异性变化。

2022年世界葡萄酒产量约为258亿升，与2021年相比略有下降（-1%）。尽管干旱和热浪席卷了欧洲的春夏季节，但欧洲及南半球的平均产量明显高于预期。

2022年世界葡萄酒消费量为232亿升，比2021年减少了2亿升。俄乌冲突和相关的能源危机，再加上全球供应链的中断，导致了生产和分销成本的飙升，致使葡萄酒价格大幅上涨。在这一背景下，国家层面上的葡萄酒消费行为在不同地理区域之间差异很大。

2022年葡萄酒出口受到高通胀、全球供应链中断和海运大幅放缓的严重影响，出口量总体下降，平均价格大幅增长（与2021年相比增长了15%），全球葡萄酒出口额估计为376亿欧元，创历史新高。

2022年，中国葡萄种植面积为785千公顷（占全世界的10.8%），与2021年持平。葡萄酒产量约4.2亿升（占全世界的1.6%），葡萄酒消费量8.8亿升（占全世界的4%），进口量3.3亿升，出口量2.9百万升，分别比2021年下降了29%、16%、20.6%和31%。

第一节　葡萄种植面积

世界葡萄种植面积是指种植各种用途的葡萄（葡萄酒、葡萄汁、鲜食葡萄和葡萄干）的总面积，包括尚未结果的幼龄葡萄。2022年世界葡萄种植面积约为730万公顷，比2021年仅下降0.4%（OIV，2023）。

世界葡萄种植面积基本稳定下来（图1-1）。2022年主要有三种截然不同的变化趋势：摩尔多瓦、土耳其、西班牙、阿根廷和美国等国的葡萄种植面积下降；与之相反，法国、印度、俄罗斯等国的种植面积均有所增加；其他国家如中国、意大利、智利和澳大利亚的葡萄种植面积保持稳定，与2021年相比没有明显变化（表1-1）。这些不同的变化趋势往往会在世界范围内抵消它们之间的相互影响。

2022年，中国葡萄种植面积为785千公顷（占全世界的10.8%），与2021年持平，位居世界第三，自2017年以来呈缓慢增长的态势（图1-2，表1-1）。

（百万公顷）

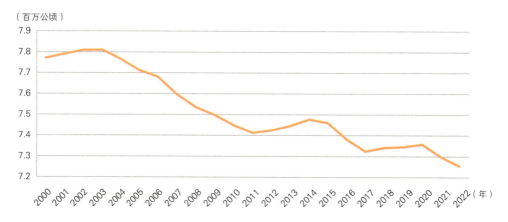

图1-1　世界葡萄种植面积的变化

表1-1　主要国家葡萄种植面积及相关比率*

国家	葡萄种植面积（千公顷）					国家：世界（2022年）
	2018年	2019年	2020年	2021年	2022年	
西班牙	972	966	961	963	955	13.1%
法国	792	794	799	805	812	11.2%
中国	779	781	783	785	785	10.8%
意大利	705	714	719	718	718	9.9%
土耳其	448	436	431	419	410	5.6%
美国	408	407	402	393	390	5.4%
阿根廷	218	215	215	211	207	2.8%
智利	208	210	207	196	196	2.7%

续表

国家	葡萄种植面积（千公顷）					国家：世界（2022年）
	2018年	2019年	2020年	2021年	2022年	
葡萄牙	192	195	195	194	193	2.7%
罗马尼亚	191	191	190	189	188	2.6%
印度	149	151	161	167	170	2.3%
伊朗	167	167	170	158	158	2.2%
澳大利亚	146	146	146	146	146	2%
南非	130	129	128	126	124	1.7%
摩尔多瓦	143	143	140	138	122	1.7%
乌兹别克斯坦	108	112	114	118	118	1.6%
阿富汗	94	96	100	104	104	1.4%
德国	103	103	103	103	103	1.4%
俄罗斯	94	96	97	98	99	1.4%
希腊	108	109	112	96	96	1.3%
埃及	80	78	85	92	92	1.3%
巴西	82	81	80	81	81	1.1%
阿尔及利亚	75	74	75	68	68	0.9%
保加利亚	67	67	66	65	65	0.9%
匈牙利	69	68	65	64	64	0.9%
其他国家	814	821	821	814	814	11.2%
世界总计	7342	7350	7365	7311	7278	100%

＊"主要国家"指2022年葡萄种植面积等于或超过50千公顷的国家。

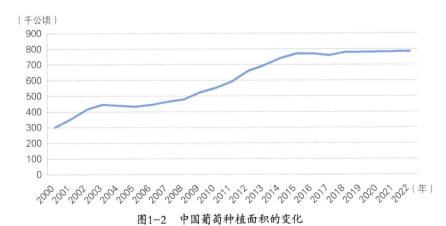

图1-2　中国葡萄种植面积的变化

第二节　葡萄酒产量

2022年世界葡萄酒产量估计为258亿升，与2021年相比略有下降（-1%）。总的来说，2022年世界不同地区出现的干旱和炎热天气导致了早采和平均产量的稳定。如图1-3所示，世界葡萄酒产量连续第四年稳定在260亿升左右，略低于近20年的平均水平。世界主要葡萄酒生产国近年来产量的变化如表1-2所示。

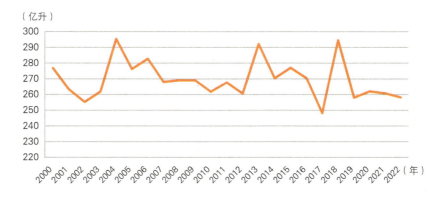

图1-3　世界葡萄酒产量的变化

2022年，中国葡萄酒产量估计为4.2亿升（占全世界的1.6%），比2021年下降了29%。过去十年来，中国的葡萄酒产量一直在下降（图1-4，表1-2）。

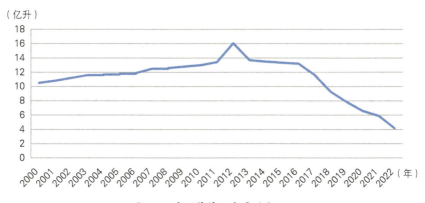

图1-4　中国葡萄酒产量的变化

表1-2　主要国家葡萄酒产量及相关比率*

国家	葡萄酒产量（亿升）					国家∶世界（2022年）
	2018年	2019年	2020年	2021年	2022年	
意大利	54.8	47.5	49.1	50.2	49.8	19.3%
法国	49.2	42.2	46.7	37.6	45.6	17.7%
西班牙	44.9	33.7	40.9	35.5	35.7	13.8%
美国	26.1	25.6	22.8	24.1	22.4	8.7%
澳大利亚	12.7	12.0	10.9	14.8	12.7	4.9%
智利	12.9	11.9	10.3	13.4	12.4	4.8%
阿根廷	14.5	13.0	10.8	12.5	11.5	4.5%
南非	9.5	9.7	10.4	10.8	10.2	4%
德国	10.3	8.2	8.4	8.4	8.9	3.5%
葡萄牙	6.1	6.5	6.4	7.4	6.8	2.6%
俄罗斯	4.3	4.6	4.4	4.5	4.7	1.8%
中国	9.3	7.8	6.6	5.9	4.2	1.6%
罗马尼亚	5.1	3.8	4.0	4.8	3.9	1.5%
新西兰	3.0	3.0	3.3	2.7	3.8	1.5%
巴西	3.1	2.2	2.3	2.9	3.2	1.2%
匈牙利	3.7	2.7	2.9	3.1	2.9	1.1%
奥地利	2.8	2.5	2.4	2.5	2.3	0.9%
格鲁吉亚	1.7	1.8	1.8	2.1	2.1	0.8%
希腊	2.2	2.4	2.3	2.5	2.1	0.8%
摩尔多瓦	1.9	1.5	0.9	1.4	1.4	0.5%
瑞士	1.1	1.0	0.8	0.6	1.0	0.4%
其他国家	15.3	14.4	14.0	13.4	10.6	4.1%
世界总计	294.5	258	262.4	261.1	258	100%

*"主要国家"指2022年葡萄酒产量等于或超过1亿升的国家。

第三节　葡萄酒消费量

2022年世界葡萄酒消费量为232亿升，比2021年下降了2亿升。从2018年开始，全球葡萄酒消费量以固定速率下降（图1-5），这主要是由于中国消费量的下降。这种下降趋势在2020年因新冠疫情而加剧，给许多大型葡萄酒市场带来了消极的影响。葡萄酒消费受到管控措施、食宿业中断以及旅游业全面受创的打击。2021年，随着人员流动和物流限制的解除、食宿业重新开放、社交聚会和庆祝活动的恢复，全球大多数国家的消费都有所增加。然而，2022年，俄乌冲突和相关能源危机，连同全球供应链的中断，导致生产和分销成本飙升，葡萄酒价格大幅上涨。在这种情况下，国家层面上的葡萄酒消费行为在不同地理区域之间差异很大（表1-3）。

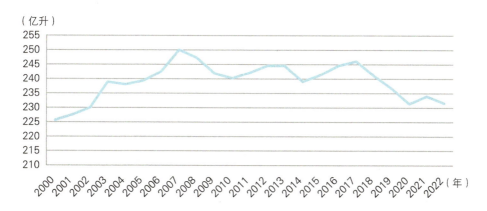

图1-5　世界葡萄酒消费量的变化

2022年中国的葡萄酒消费量估计为8.8亿升（占全世界的4%），比2021年降低16%。自2018年以来，中国的消费量平均每年减少约2亿升（表1-3，图1-6）。

表1-3　主要国家的葡萄酒消费量及相关比率*

国家	葡萄酒消费量（亿升）					国家：世界（2022）
	2018年	2019年	2020年	2021年	2022年	
美国	33.7	34.3	32.9	33.1	34.0	15%
法国	26.0	24.7	23.2	24.9	25.3	11%
意大利	22.4	22.6	24.2	24.2	23.0	10%
德国	20.0	19.8	19.8	19.9	19.4	8%
英国	12.9	13.0	13.2	13.1	12.8	6%
俄罗斯	9.9	10.0	10.3	10.5	10.8	5%
西班牙	10.7	10.2	9.2	10.3	10.3	4%
中国	17.6	15.0	12.4	10.5	8.8	4%
阿根廷	8.4	8.9	9.4	8.4	8.3	4%
葡萄牙	5.1	5.4	4.4	5.3	6.0	3%
澳大利亚	5.3	5.8	6.0	5.7	5.5	2%
南非	4.2	3.9	3.1	3.9	4.6	2%
加拿大	4.9	4.7	4.4	4.2	4.2	2%
罗马尼亚	3.9	2.2	2.6	3.7	3.7	2%
荷兰	3.6	3.5	3.7	3.7	3.6	2%
巴西	3.3	3.6	4.1	4.1	3.6	2%
日本	3.5	3.5	3.5	3.3	3.4	1%
瑞士	2.4	2.6	2.5	2.6	2.6	1%
奥地利	2.4	2.3	2.3	2.4	2.4	1%
捷克	2.0	2.2	2.1	2.2	2.2	1%
比利时	2.7	2.7	2.7	2.4	2.0	1%
瑞典	2.1	2.0	2.1	2.1	2.0	1%
其他国家	34.2	33.8	33.5	33.6	33.1	14%
世界总计	241	237	231	234	232	100%

*"主要国家"指2022年葡萄酒消费量等于或超过2亿升的国家。

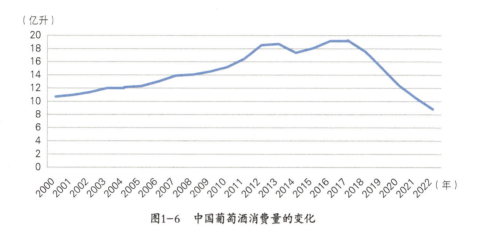

图1-6　中国葡萄酒消费量的变化

第四节　葡萄酒国际贸易

2019年全球对新冠疫情相关的管控，导致2020年全球贸易中断，随后是葡萄酒国际贸易创纪录的一年，似乎世界葡萄酒出口市场走上了复苏之路。但2022年葡萄酒出口受到俄乌冲突的严重影响，能源危机也给所有主要经济体带来了强大的通胀压力。与此同时，2022年出现了全球供应链中断，导致海运业务大幅放缓。这些事件的结合导致葡萄酒出口量总体下降，但平均价格大幅升高（比2021年增长了15%）（图1-7），全球葡萄酒出口额估计为376亿欧元，创历

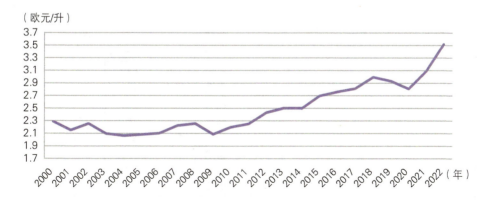

图1-7　世界葡萄酒出口平均价格的变化（OIV，2023）

史新高。但应当指出的是，价格的急剧上涨主要是由于生产商、进口商、分销商和零售商的成本增加。

一、贸易量

2022年，全球葡萄酒出口总量为107亿升，比历史高点2021年下降了5%（图1-8）。意大利以21.9亿升的出口量成为2022年最大的出口国，占全球出口总量的20%。2022年，多数国家的出口量为负增长，只有少数例外（表1-4）。

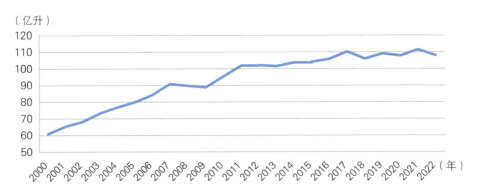

图1-8　葡萄酒国际贸易量的变化（OIV，2023）

表1-4　主要葡萄酒出口国及相关比率*

国家	出口量（亿升）		出口额（百万欧元）		种类	2022年		2022年：2021年	
	2021年	2022年	2021年	2022年		出口量占比	出口额占比	出口量	出口额
意大利	22.0	21.9	7 834	7 116	瓶装	57%	67%	−3%	7%
					起泡	24%	28%	6%	19%
					盒装	2%	1%	−3%	6%
					散装	17%	4%	—	13%
西班牙	23.6	21.2	2 895	2 984	瓶装	34%	63%	−10%	—
					起泡	8%	17%	2%	5%
					盒装	3%	2%	10%	13%
					散装	55%	18%	−11%	11%
法国	14.6	14.0	11 074	12 279	瓶装	72%	60%	−2%	8%
					起泡	17%	38%	5%	19%
					盒装	3%	1%	−11%	1%
					散装	8%	2%	−29%	−17%

续表

| 国家 | 出口量（亿升） | | 出口额（百万欧元） | | 种类 | 2022年 | | 2022年：2021年 | |
	2021年	2022年	2021年	2022年		出口量占比	出口额占比	出口量	出口额
智利	8.7	8.3	1 664	1 818	瓶装	58%	82%	−1%	10%
					起泡	—	1%	9%	21%
					盒装	2%	2%	−12%	−8%
					散装	39%	16%	−8%	8%
澳大利亚	6.3	6.4	1 352	1 381	瓶装	35%	72%	−8%	2%
					起泡	2%	4%	5%	20%
					盒装	5%	2%	14%	12%
					散装	58%	22%	7%	−2%
南非	4.8	4.4	634	660	瓶装	36%	67%	−17%	4%
					起泡	1%	4%	−22%	4%
					盒装	7%	6%	−8%	−1%
					散装	56%	23%	−2%	4%
德国	3.7	3.5	1 000	1 036	瓶装	73%	78%	−7%	3%
					起泡	10%	13%	2%	13%
					盒装	13%	7%	−19%	−11%
					散装	5%	2%	74%	46%
葡萄牙	3.3	3.3	927	940	瓶装	76%	90%	−5%	−1%
					起泡	1%	1%	15%	20%
					盒装	11%	8%	2%	8%
					散装	12%	4%	32%	53%
美国	3.3	2.8	1 245	1 392	瓶装	52%	84%	−2%	16%
					起泡	1%	2%	−13%	−10%
					盒装	3%	3%	−3%	65%
					散装	43%	11%	−27%	−14%
新西兰	2.8	3	1 165	1 349	瓶装	57%	73%	5%	14%
					起泡	1%	1%	43%	38%
					盒装	1%	1%	51%	73%
					散装	41%	25%	7%	20%
阿根廷	3.3	2.7	700	752	瓶装	76%	92%	−7%	8%
					起泡	1%	2%	15%	43%
					盒装	—	—	−47%	−29%
					散装	23%	6%	−35%	−10%
加拿大	2.1	2.1	67	81	瓶装	—	30%	14%	28%
					起泡	—	2%	−1%	18%
					盒装	—	1%	3%	10%
					散装	99%	67%	2%	19%

*2022年葡萄酒出口量等于或超过2亿升的国家。

二、贸易额

尽管国际贸易量有所下降，但2022年全球葡萄酒出口额仍达到了创纪录的376亿欧元，比2021年高出9%（图1-9）。这是所有主要葡萄酒出口国的平均出口价格大幅上涨的结果。就出口额而言，2022年，法国成为全球第一大葡萄酒出口国，出口额将近123亿欧元，占全球出口总额的近1/3。全球贸易额增加的最大贡献者是法国，其次是意大利、新西兰、智利和美国（表1-4）。

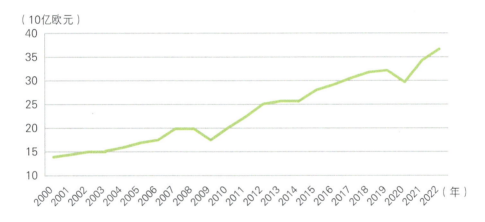

图1-9　葡萄酒国际贸易额的变化

2022年，美国、德国和英国的葡萄酒进口量保持在前三名，三国合计进口量约41亿升，占世界进口总量的38%；共计进口额约146亿欧元，占世界进口总额的39%（表1-5）。

2022年，中国进口了3.4亿升葡萄酒（比2021年降低21%），进口额为14亿欧元（比2021年降低4%）。散装和瓶装葡萄酒进口量分别下降了12%和24%，这两种葡萄酒占2022年进口总量的97%和进口总额的93%（表1-5）。中国葡萄酒进出口量的变化如图1-10和图1-11所示。

表1-5　主要葡萄酒进口国及相关比率*

国家	进口量（亿升）		进口额（百万欧元）		种类	2022年		2022年：2021年	
	2021年	2022年	2021年	2022年		进口量占比	进口额占比	进口量	进口额
美国	13.9	14.4	5 975	6 996	瓶装 起泡 盒装 散装	51% 14% 1% 34%	67% 27% — 6%	−1% 5% −19% 10%	16% 20% −3% 19%
德国	14.8	13.4	2 859	2 745	瓶装 起泡 盒装 散装	39% 5% 2% 54%	63% 18% 2% 17%	−8% −7% 36% −10%	−9% 6% 23% 3%
英国	13.2	13.0	3 950	4 821	瓶装 起泡 盒装 散装	49% 13% 2% 37%	61% 25% 1% 13%	−6% — 157% 2%	17% 41% 92% 12%
法国	5.9	6.1	822	988	瓶装 起泡 盒装 散装	16% 6% 2% 75%	59% 13% 2% 26%	— 5% 1% 4%	18% 15% 12% 30%
加拿大	4.2	4.2	1 905	2 167	瓶装 起泡 盒装 散装	67% 6% 2% 25%	84% 11% 1% 3%	2% 11% −18% −6%	14% 21% −6% 4%
中国	4.2	3.4	1 431	1 369	瓶装 起泡 盒装 散装	65% 2% 1% 32%	85% 6% 1% 8%	−24% −27% −23% −12%	−5% −14% 1% 19%
比利时	3.5	3.3	1 258	1 291	瓶装 起泡 盒装 散装	59% 19% 7% 15%	64% 29% 3% 4%	−1% −5% −13% −11%	2% 5% −8% 3%
葡萄牙	3.0	2.8	169	188	瓶装 起泡 盒装 散装	21% 2% 3% 74%	30% 17% 2% 51%	−6% 5% 36% −6%	8% 22% 61% 10%
意大利	3.1	2.2	408	500	瓶装 起泡 盒装 散装	9% 6% 1% 85%	20% 63% — 17%	−18% — 137% −28%	9% 36% 44% 1%
瑞典	2.1	2.1	750	778	瓶装 起泡 盒装 散装	48% 13% 27% 12%	59% 21% 14% 6%	2% — 3% −11%	6% — 8% —

*主要统计2022年葡萄酒进口量等于或超过2亿升的国家的数据。

（亿升）

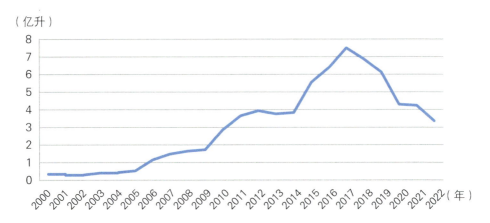

图1-10　中国葡萄酒进口量的变化

（百千升）

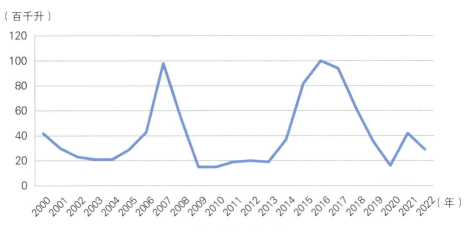

图1-11　中国葡萄酒出口量的变化

三、各类葡萄酒的国际贸易

2022年，瓶装葡萄酒（<2升）占全球葡萄酒总贸易量的53%，与近十年的平均水平持平。就贸易额而言，这类葡萄酒占2022年全球葡萄酒出口总额的68%。与2021年相比，瓶装葡萄酒出口量下降了4%，但出口额增长了7%（表1-6）。2022年，这类产品的平均出口价格为4.5欧元/升。

起泡酒在2022年的表现非常优秀，因为它是唯一在出口量和出口额两方面都有增长的类别。起泡酒仅占全球葡萄酒出口总量的11%，但占全球葡萄酒出口总额的23%，成为出口额仅次于瓶装葡萄酒的第二大葡萄酒类别。与2021年相比，起泡酒的出口量增加了5%，出口额增加了18%（表1-6）。2022年起泡葡萄酒的平均出口价格为7.7欧元/升。

盒装（BIB）葡萄酒是指超过2升但小于10升容器中的葡萄酒。2022年，盒装葡萄酒分别占世界葡萄酒出口总量的4%和出口总额的2%。与2021年相比，2022年出口量下降了4%，出口额增长了6%（表1-6）。盒装葡萄酒的平均出口价格为1.8欧元/升。

散装葡萄酒（>10升）是出口量第二大的葡萄酒类别，与2021年相比，2022年的出口量下降了7%，但出口额增长了5%。虽然散装葡萄酒占世界葡萄酒出口总量的32%，但它只占葡萄酒出口总额的7%（表1-6）。2022年散装葡萄酒的平均出口价格为0.8 欧元/升。

表1-6　各类葡萄酒的国际贸易及相关比率

出口总量 （亿升）		出口总额 （十亿欧元）		类别	2022年		2022年∶2021年	
					出口量 占比	出口额 占比	出口量	出口额
2021年	2022年	2021年	2022年	瓶装	53%	68%	−4%	7%
112.3	107.0	34.4	37.6	起泡	11%	23%	5%	18%
				盒装	4%	2%	−4%	6%
				散装	32%	7%	−7%	5%

在世界葡萄酒格局中，中国在葡萄种植面积、葡萄酒产量、葡萄酒消费量和葡萄酒进口量等方面，都占据举足轻重的地位。近十年来，中国葡萄酒产业进入深度调整期，产量、消费量双双下滑，进口量从2018年以来逐年降低，深刻地影响着世界葡萄酒发展态势。

第二章

中国葡萄酒产业
发展现状

在经过几十年的高速发展后，2013年以来，中国葡萄酒产业进入深度调整期，酿酒葡萄栽培面积和葡萄酒产量总体持下滑趋势。但是这种下滑是市场调整和产业调整并行的结果：下滑的是产量，上升的是质量，下滑的是劣质的产能，上升的是优质产能。在这个过程中，葡萄酒产业投资由东部地区向西部干旱半干旱地区转移。在这些优质的新兴产区，越来越多的酒庄应运而生，并且建立起具有一定规模的酒庄集群，生产出高品质的酒庄葡萄酒，呈现出我国葡萄酒产业的新格局。2022年，中国获得生产许可证的葡萄酒企业有1680家，酿酒葡萄种植面积约为197.55万亩，带动150万人就业。

第一节　酿酒葡萄种植

2022年中国葡萄种植面积为78.475万公顷，位居世界第三。自2017年以来，由于鲜食葡萄面积的不断增加，葡萄种植总面积仍呈现出逐年递增的趋势，但其增长速度明显放缓，且在2022年后保持稳定（图2-1）。虽然中国葡萄种植面积很大，在全世界排名第三，但其中酿酒葡萄种植面积占比很小，仅为17%，远低于主要葡萄酒生产国的平均水平（57%）。中国酿酒葡萄种植主要分布在新疆、宁夏贺兰山东麓、黄土高原、甘肃河西走廊、内蒙古、黄河故道、东北、京津冀、山东、西南高山和特殊产区，共计11个产区，产业布局相对稳定。2022年中国各产区的酿酒葡萄种植面积和葡萄酒产量如图2-1、图2-2所示。

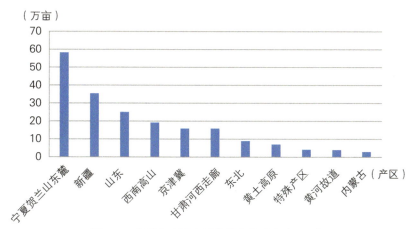

图2-1 中国各产区酿酒葡萄种植面积（2022）

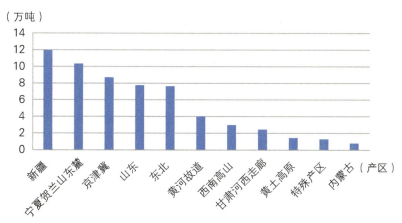

图2-2 中国各产区葡萄酒产量（2022）

一、面积持续下滑

我国酿酒葡萄种植面积持续增长，到2015年达到顶峰，为223.11万亩。此后面积不断下滑，到2021年降到181.16万亩。这与2015年以来国内葡萄酒产销量连年下滑，大量企业亏损，葡萄酒存量上升密切相关。此外，由于酿酒葡萄种植成本一直居高不下，个别产区单位面积产量过低，以及自然灾害的影响，果农种植收益得不到有效保障，造成果农挖树毁园，换种其他经济林木或者大田作物。但2022年酿酒葡萄种植面积为197.55万亩，比2021年增长了9%，这种连年下滑的态势得到了有效遏制（图2-3）。

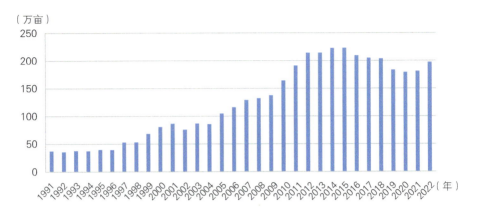

图2-3　中国酿酒葡萄种植面积的变化

二、布局不断优化

目前我国已形成11个葡萄酒产区，主要集中在北方干旱半干旱地区以及渤海湾地区，并越来越向以新疆、甘肃河西走廊、宁夏贺兰山东麓等为代表的优势产区集中。与此同时，随着气候变化，一些低纬度高海拔的冷凉干旱区域已经逐步发展成为优质的酿酒葡萄种植区域。例如位于川、滇、藏交界的西南高山产区，由于海拔高和纬度低的地理地形特点，生态条件较为复杂，存在着一些极佳的适合酿酒葡萄生长的小气候区域。这些地区气候干旱，光照充足，昼夜温差大，病虫害少，独特的环境气候条件十分有利于酿酒葡萄品质的形成。我国地域辽阔，气候、土壤环境条件多样，即使同一产区不同位置种植的葡萄品质差异也很大。因此，为了进一步规范酿酒葡萄的种植区域，凸显中国葡萄酒的风土特色，以产区更适宜的生态条件为生产优质原料奠定基础，推进建设酿酒葡萄种植的小产区将成为必然趋势。

在对现有酿酒葡萄种植区域进行优化的同时，又发现和开发了新的子产区和小产区，如对西南高山德钦县产区、宁夏青铜峡甘城子等小产区的扩大和强化。各产区逐渐意识到生态条件对生产高品质葡萄酒的重要性，越来越注重葡萄原料的品质。在这种理念指导下，各产区更加注重生态保护，认识到生态是生产优质酿酒葡萄的基础。为了更好地保护环境和提高产品质量，部分产区开始推动酿酒葡萄的有机种植,注重可持续发展的农业实践。尽管各产区正在努力优化,但也面临着诸如市场竞争加剧、气候变化等挑战,这些都对酿酒葡萄种植业的未来发展提出了新的要求。

我国酿酒葡萄产业的布局与地方政府支持发展葡萄酒产业的政策导向密切相关。总体而言,生态条件好、风土特征典型性强的产区,政府将进一步扩大优化产业布局,相反一些产区的酿酒葡萄种植面积还可能会持续萎缩。

三、品种更加多元化

目前,为使引种的酿酒葡萄适应我国气候,体现我国各葡萄酒产区的风土特色,经过长期的酿酒葡萄引种与果实品质分析试验,发现一些小众品种在我国一些葡萄酒产区表现较好,其中马瑟兰、蛇龙珠、小芒森等表现出较高的品质和产区多样性。马瑟兰具有抗旱、抗病等特点,于2001年引入中国。目前,我国已成为其原产国——法国之外种植面积最大的国家,种植面积超过3 000亩。该品种在怀来、烟台、蓬莱、杨陵、宁夏等地区表现均较突出,果实品质良好,酿酒特性优良,感官评价整体表现较出众,可在以上产区适当推广栽培。蛇龙珠于19世纪末被张裕引入中国,主要分布于山东胶东、东北南部、华北和西北地区,目前种植面积约为2万亩。小芒森于1999年引入中国,截至2022年,种植面积约2 000亩,主要分布于河北、山东、山西和宁夏。

马瑟兰、维欧尼、小芒森、蛇龙珠、小味儿多等小众特色品种在中国的逐渐推广,不仅提升了中国葡萄酒的品质和多样性,还为中国葡萄酒产业的发展带来了新的动力。随着更多小众品种的引入和试验,中国葡萄酒产业正迎来新的发展阶段,展现出更多的创新性和多样性。

四、栽培极简化、生态化

近十年来,中国葡萄酒市场持续扩大优化,但是中国葡萄酒产量总体持续下降,葡萄酒竞争力降低,这说明中国葡萄酒产业缺乏可持续发展的动力。造成这一现象的重要原因之一是忽略了产业发展与可持续的关系,即单纯强调了葡萄酒产业，特别是葡萄栽培的生产功能，而没有重视其生态功能。

要实现可持续发展的目标就必须做到减少资源的消耗、改善生态环境和提高生活质量，必须以"强化风格，提高质量，降低成本，节能减排"为技术路线，极简化生态栽培是实现中国葡萄酒产业可持续、高质量发展的必由之路。极简化生态葡萄栽培技术体系以"树形控制+全面生草+行内枝条覆盖+冬季挂（留）枝"为核心，不仅有利于葡萄园管理的机械化，降低夏季修剪和葡萄园管理的劳动强度，减少病虫害的危害，还保证了葡萄结果部位一致、成熟整齐，有利于提高葡萄质量和有效控制产量，实现"优质、稳产、长寿、美观"的葡萄可持续生产的目的。

我国酿酒葡萄种植区域分布较广，且90%以上栽培区的葡萄冬季需埋土防寒，这不仅增加了葡萄生产成本，还会增加劳动强度。在我国东北及长城以北的华北地区多采用抗寒砧木嫁接实现葡萄越冬防寒。但是，嫁接苗在嫁接部位会产生"小脚"现象，冬季埋土下架和春季上架时容易折断。为避免这种现象，高位嫁接得到了快速推广。

针对埋土防寒地区葡萄传统栽培模式存在的弊端，发明推广了一种新的葡萄栽培模式——"爬地龙"栽培模式。"爬地龙"整形修剪是在距地面一定高度处，水平培养一条反蔓，冬季短梢修剪或长梢修剪，生长季将新梢垂直绑缚在架面上。这样冬剪后，在同一定植带（或定植沟）中，所有植株的一年生枝或主蔓首尾相接，连接在一起，就像横卧在地上的长龙一样，故曰"爬地龙"。整形修剪特点是：植株一年生枝（无主蔓"爬地龙"）或主蔓（有主蔓"爬地龙"）被平拉固定在离地面或沟面30～40厘米的第一道钢丝（承重丝）上；架面为篱架形，叶幕高1.5米，宽0.5米；行内枝条覆盖，行间免耕自然生草。周年管理操作可总结为：一扶，指新梢绑缚，将由芽眼发出的新梢依次向上直立卡在第二、第三道双丝的中间，使之在架面上分布均匀；二修，指夏季修剪，将叶幕层修剪成为"绿篱"，超过部分全部剪除；三喷，指打药或根外追肥等，根据需要进行叶面喷施；四剪，指行间自然生草，当行间草长到5～10厘米时（根据地形等因素而定）剪草。

此外，现代酿酒葡萄种植离不开农业机械装备的支撑，建立以企业为主、科研院所为辅的组织，构建"产、学、研、推"相结合的产业技术创新体系和平台，开展关键技术研发攻关，重点研制葡萄埋土、出土、修剪、藤蔓上架、捆绑藤蔓、采摘、防霜等机械化生产薄弱环节和空白环节机械，提高葡萄生产机械化、智能化水平。同时，通过国外先进技术装备的引进、消化、吸收、再创新，不断解决葡萄园机械装备不足的问题。

第二节　葡萄酒

中国葡萄酒产业进入深度调整期以来，葡萄酒市场逐渐成熟，富裕的中产阶层崛起，消费趋于个性化和中高端化，规模以上的大企业大生产的"既无缺点，亦无优点"、不具风格、没有个性的饮料葡萄酒产量和消费量不断下滑，而规模以下的小酒庄蓬勃发展，它们生产的独具风格、优质的酒庄葡萄酒越来越受到国内外消费者的追捧，但因不在统计范围内，导致中国葡萄酒产量统计数值连年下降。

一、产量、消费量双双下降

中国葡萄酒产量稳定上升，2012年达139.58万吨，达到峰值，2013年首次出现下降，此后连续10年下降，2022年下降到59.58万吨。

根据不完全统计调查研究结果，2022年我国规模以上葡萄酒生产企业数量为119家（仅占获得生产许可证的葡萄酒生产企业总数的7%），累计完成的葡萄酒总产量为21.37万千升，与上年同期相比下降了22.12%。此外，该年度规模以上生产企业的销售收入也有所下滑，达到了91.92亿元。这种产量和销售收入的下滑趋势反映了中国葡萄酒市场的竞争压力和产业结构的调整。

中国葡萄酒的消费量[1]在1995—2013年也稳定上升，2014年有所下滑后回

---

[1] 数据来源：OIV，https://www.oiv.int/what-we-do/data-discovery-report?oiv。

升，2016年达最高值，受新冠疫情的影响，2019年以后以每年递减9.14万吨的速率下降（图2-4）。

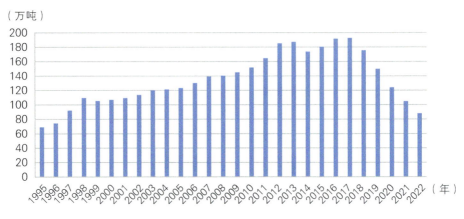

图2-4　中国葡萄酒消费量的变化

二、质量不断上升

醇鉴世界葡萄酒大赛（Decanter World Wine Awards）是世界葡萄酒的顶级质量大赛。在2022年醇鉴世界葡萄酒大赛中，中国葡萄酒共斩获234枚奖牌，其中包含17枚金牌和64枚银牌，刷新了中国葡萄酒最优战绩。

除了奖牌数量相较于2021年大幅提升外，金奖葡萄酒的分布也更加广泛，2021年4枚金牌均来自宁夏，而2022年17款金奖葡萄酒分别来自宁夏、新疆、辽宁、山东、河北五大产区。可以说国内葡萄酒的整体质量均有质的提升。

国际葡萄酒与烈酒大赛（International Wine & Spirit Competition，简称IWSC）拥有50多年历史，初创于1969年，是业界公认的全球顶级葡萄酒与烈酒竞赛。奖项由业内专家评选，过程极为严苛，因此能获得这一比赛的奖项可谓行业殊荣。在2022年国际葡萄酒与烈酒大赛中，共有234款中国葡萄酒参赛，较上一届的140多款数量上显著增加，有133款葡萄酒获得了奖牌，其中30多款获得了90分或90以上的高分，这标志着中国葡萄酒所获得的成绩打破了纪录。评委们也对中国葡萄酒的日益多样化，以及质量和成熟度的提高表示了赞赏。足见中国葡萄酒正在走向成熟，质量在世界葡萄酒舞台上获得了认可。

三、结构持续优化

近年来，为了充分表现本地的风土特征，中国葡萄酒各产区都在不断地优化酿酒葡萄品种和葡萄酒产品结构，向着更加多样化的方向发展，完全打破了赤霞珠干红葡萄酒一统天下的局面。在品种结构上，除传统的赤霞珠、美乐、霞多丽等以外，马瑟兰、维欧尼、小芒森、蛇龙珠、小味儿多等小众特色品种开始大放异彩，本土葡萄品种如龙眼、爱格丽、媚丽以及山葡萄、刺葡萄、毛葡萄等中国特有种类，也逐渐受到市场的青睐。在葡萄酒产品结构上，红葡萄酒比例逐渐降低，白葡萄酒和桃红葡萄酒占比上升；葡萄酒也从干型为主向如甜型（包括冰酒）、特种葡萄酒（包括起泡葡萄酒、脱醇葡萄酒、利口葡萄酒等）等多类型发展。中国葡萄酒比以往更加多样化，各地的酒庄正在不断进步，在质量和技术方面都有所提高，让更多果香和风土特征得以体现。

四、定价策略市场化

由于葡萄酒的非必需品属性，其定价策略与一般大众必需品完全不同。尚处于发展阶段的中国葡萄酒，定价策略具有比较明显的行业化特征。酒庄定价首先考虑的是在有限的投入期内收回成本，而没有注重市场需求、竞争、消费力和经济趋势。由于投入成本高、投资周期长、土地制度等问题，酒庄大多选择将所有投资成本计入产品价格，即成本加价，希望能在投资期内分摊投资成本，因此造成了国产葡萄酒价格高、利润空间小的普遍现象。

随着进口葡萄酒大批进入中国市场，具有品牌力的产品出现，国产葡萄酒质量整体提高，葡萄酒的行业性定价策略被市场诟病。其从基于投资回报、成本加价、股东利益最大化的定价策略，逐渐转向综合考虑消费者需求、竞争对手定价、整体市场和经济趋势等多方因素的市场化定价策略，即必须使中国葡萄酒与国际市场同类、同质、同价产品进行对标，真正让中国葡萄酒回归商品价值。2023年，中国葡萄酒馆创造性地开展了入馆产品质量、经销、消费三位一体的市场化测评机制，进一步深化定价策略的市场化。

新疆乡都酒庄、丝路酒庄、宁夏西鸽酒庄等中型酒庄已经率先开始了市场化定价。在国际国内专业赛事上屡获金奖的葡萄酒，每瓶（750毫升）零售价被定为百元左右。

中国葡萄酒的市场化定价现象更多地表现在酒庄新开发产品系列时的重新定价上。对于酒庄来说，不仅要考虑产品的成本，更要考虑竞争对手的价格、市场需求和消费承受力，然后调整销售价格。这已经成为中国葡萄酒定价的新趋势。

五、市场反应超预期

中国葡萄酒规模以上企业产量自2013年至2022年连续11年下降，得到的市场反应却是正向的。因为，产量在下降，质量在提升，规模以上企业数量在下降，而规模以下企业数量在增加。无论是销售商还是消费者，对国产葡萄酒的信心都在不断提高。

首先，消费认知超预期。调查显示：50.6%的消费者进口和国产葡萄酒都喝，只喝国产葡萄酒的消费者达到25.1%，多于只喝进口葡萄酒的消费者；61.8%的消费者认为国产葡萄酒和进口葡萄酒的品质旗鼓相当，甚至有12.6%的消费者认为国产葡萄酒已经超越了进口葡萄酒。在关于消费者最愿意尝试的葡萄酒品牌的调查中，分别有45.7%和45.4%的消费者选择了国产品牌张裕和长城。

虽然传统葡萄酒产区仍是消费者选择的重点产区，但是中国产区的葡萄酒也逐渐被更多消费者所青睐。调查显示，34.5%的消费者选择中国宁夏贺兰山东麓产区的葡萄酒，仅比选择法国波尔多产区葡萄酒的消费者低6.4%，同时中国新疆的天山北麓、吐鲁番产区和中国山东的蓬莱产区均进入了前十名中国葡萄酒消费者选择的产区，且与其他排名靠前的产区差距甚微。

其次，销售商的反应超预期。对国产葡萄酒的质量和商业合作模式的不断认可，成为销售商主动链接国产葡萄酒的动因。除了常规的产品代理销售，销售商还主动走进酒庄，建立共赢模式。其中不乏进口葡萄酒运营商。

2022年，澳洲葡萄酒运营商天鹅酿酒集团与宁夏皇蔻酒庄合作，生产蓝色马系列葡萄酒。天鹅酿酒集团董事长李卫表示，与宁夏的合作不仅是因为宁夏的产区风土、产品质量、产区品牌，更重要的是"在宁夏能够极大限度地发挥天鹅集团在品牌、渠道以及消费者培育方面的优势，形成1+1＞2的效益"。

法国卡思黛乐中国合作伙伴福建思域酒业与宁夏酒庄合作，在2015年推出了凯洛酒庄品牌葡萄酒第一代产品后，又于2022年大力推出了第四代凯洛系列。在文化上，第四代凯洛以贺兰山酿酒历史、贺兰山岩画和贺兰山脉绵延的美为依托，表达中国文化意象；在运营上，打造了"中国优质产区+全渠道营销"双轮驱动的模式，为提高中国葡萄酒的品牌力提供了一个新路径。

最后，国际影响超预期。作为葡萄酒大国，中国葡萄酒产业在国际上的影响力是显而易见的。2023年初，《中华人民共和国和法兰西共和国联合声明》提出，法国支持中国加入国际葡萄与葡萄酒组织（OIV），支持中国举办国际葡萄与葡萄酒产业大会。6月，中国（宁夏）国际葡萄酒文化旅游博览会期间，国家有关部委领导，宁夏回族自治区在职副省级领导，有关国家驻华使馆负责人，亚非拉青年领袖、跨国企业负责人，各省（区、市）代表团团长，国内外有关专家学者，大型企业、酒类企业、高校负责人及有关媒体共500多人参加了开幕式。中共中央政治局委员、国务院副总理刘国中出席开幕式并致辞。刘国中表示，中国政府高度重视葡萄与葡萄酒产业发展，习近平主席曾亲自深入宁夏贺兰山东麓葡萄种植基地考察，为产业发展指明了方向和路径，寄予殷切希望。本次大会以"自然、创新、文化、生态"为主题，交流产业可持续发展的经验和做法，共商国际合作大计，具有重要意义。这次大会的举办，展示了中国葡萄酒产业形象，进一步提升了中国葡萄酒产业在世界的地位和影响力。

第三节　产业新特征

经过多年的快速发展，中国已经成为世界重要的葡萄酒生产国和消费国。在中国葡萄酒产业进入深度调整期以来，除国际化发展以外，还出现了一些新的特征：更加注重三产融合、科技支撑、品质化发展、酒庄集群化发展、品牌化发展等。

一、三产融合发展

葡萄是我国的主栽果树之一，产业链长，栽培范围广。随着时代的发展，中国农业的文化内涵和体验价值逐渐受到人们的关注，而葡萄酿酒的附加值高，且可与酒庄旅游相结合，以现代农业标准进行发展，以工业化模式实现壮大，通过第三产业完成产业链延伸，从而逐步形成种植、酿造和旅游三产融合的复合型产业体系。酒庄旅游行业的发展，可以向社会提供大量工作岗位，带动周围农民就业，巩固脱贫成果，最终推动产区乡村振兴。

此外，文旅融合是葡萄酒产业链延伸的重要手段。通常以葡萄基地、园区和酒庄为依托，打造特色葡萄酒文旅产业基地，深入开展葡萄酒生态旅游、酒庄体验旅游、采摘节和文化节等活动，建设葡旅结合示范园区；发展民宿、农家乐等新业态；开发定制特色葡萄与葡萄酒产品。促进葡萄酒产业与旅游、科技、文化、教育、金融等产业深度融合，结合产区特色，探索乡村振兴多种发展模式，完善"公共品牌+企业品牌+产品品牌"协同发展体系与葡萄酒质量追溯体系，进一步提升品牌影响力，实现葡萄酒产业可持续发展。

同时，在葡萄酒生产的重点地区打造葡萄酒区域品牌并做好保护工作，增加产业附加值和经济效益。通过打造彰显地方特性的地理标志葡萄酒品牌，进一步提升品牌知名度和市场竞争力，拉动地方经济，促进农民创收、农业增效。

二、科技支撑发展

随着全球气候变化，极端天气事件的频率和强度增加，给葡萄酒产业带来了新的挑战。目前，主要通过气象监测和预测技术，帮助葡萄酒农更好地应对气候变化，提前采取措施保护葡萄园免受极端天气的影响。然而，随着我国适宜酿酒葡萄栽培的区域不断向北扩大，酿酒葡萄区域不仅受到干燥度的影响，还易受到无霜期变化的影响，无霜期的长短直接影响果实的成熟度。智能灌溉系统、施肥系统等技术的应用，不仅能帮助葡萄酒农作出更精准的决策，从而保证葡萄高质量生产，还能通过收集和分析大数据，实现葡萄园的数字化与智能化管理，同时促进人工智能大数据平台的发展。葡萄酒生产质量管理需要高度接轨数字化、信息化，以数据为纽带，实现企业与消费者的瞬连，提升运营能力及效率，最终连接产品与人，带动新的商业模式。

三、品质化发展

高品质一直是中国葡萄酒产业的重要发展方向。伴随着葡萄酒市场的规范化、消费的成熟化，除品牌知名度外，品质成为影响葡萄酒消费的主要因素。受经济发展、消费者可支配收入等宏观经济因素的影响，原料、产区、年份、酿酒师等品质因素都开始成为消费者选择葡萄酒产品的标准之一。因此，各产区都在通过技术革新，强化各自葡萄酒的产区风格，除了在葡萄种植、葡萄酒酿造以及营销方面的技术进步外，还需要在消费者互动方面进行"技术处理"。品质表达要用消费者听得懂、容易理解的方式进行，要做足东方文章，以品质先行打造东方美酒，抓住东方审美复兴的契机培育消费忠诚度。中国葡萄酒的质量会越来越高，实现向世界品牌的进阶。

四、酒庄集群化发展

中国人的地域特色异常明显，乡土是中国人的标记，地域本身又具有IP属性，国产葡萄酒植根于中国，必须把握和引申地域价值，在历史文化与地理文化中汲取营养，在品牌传播与推广上，触达地域这一战略要素，引发最大消费人群的认同与关注。正因为如此，目前中国已经形成了独具特色的11大产区，而且在各产区中还有子产区和小产区。在这些产区中酒庄集群化发展迅速。葡萄酒酒庄注重自然、环保理念，对种植、酿造等的每一个环节进行精准把控，生产出能体现产区风土的葡萄酒，不仅契合了当代社会所追求的绿色、健康的生活方式，还能给消费者带来别样的葡萄酒体验，满足消费者多层次、多样化的需求。

近年来，中国葡萄酒在世界范围内的影响力越来越大，一些优秀产区的酒庄为中国葡萄酒赢得了奖项的同时，也在国际上赢得了尊重，中国葡萄酒作为IP，越来越为人们所熟知。中国特色酒庄已经成为中国葡萄酒IP的代表性产品，从品牌和内容IP来看，逐渐形成了中国葡萄酒的符号，这将在中国葡萄酒国际化进程中发挥巨大作用。

五、品牌化发展

长期以来，葡萄酒企业的品牌打造是中国葡萄酒行业的短板，市场呈现出"头部品牌集中化"与"中小品牌碎片化"并存的格局。我国葡萄酒消费者的逐渐成熟，尤其是我国葡萄酒品质的飞速提升，既为葡萄酒行业实施品牌化战略提供了实施基础，又对之提出了更为迫切的要求。近年来，各葡萄酒产区和企业积极探索实施品牌化发展战略，已成为我国葡萄酒产业的新特征。主要战略包括：①国产葡萄酒品牌扎根本土消费文化，通过特色鲜明、形式多样的文化符号和产品营销活动，塑造中式葡萄酒消费文化；②民族品牌走向国际，积极投向海外市场，成长为世界品牌；③通过精品葡萄酒规模化实现品牌化；④以产区为单位，整体塑造产区共有葡萄酒品牌，形成大产区、大品牌；⑤大量个性化酒庄、个性化品牌踊跃出现，并利用现代营销场景和技术拓展国内外市场，品牌和产品直接到达消费者端。

第三章

中国主要葡萄酒产区
发展现状

虽然中国有悠久的葡萄酒历史和灿烂的葡萄酒文化，但在近代，中国的葡萄酒生产一直处于落后状态。改革开放以来，中国的葡萄酒产业才重新崛起，从一穷二白快速发展成为世界葡萄酒产业的重要力量。在这个发展过程中，逐步形成了各具特色的11大产区，每个产区又有相应的子产区、小产区，且逐渐建立了不同规模的葡萄酒生产企业或葡萄酒庄。这些产区分布在24°~47° N及76°~132° E之间的广大区域，酒庄的海拔分布也在1~3 319米的不同高度上，其分布在全世界葡萄酒产区中是最广的。这表明中国葡萄酒产区具有极大的多样性。近年来，在中国葡萄酒产业深度调整的过程中，各产区都在努力从品种结构、栽培模式、酿造陈酿方式等方面进行探索，力图生产出能表现产区风土特征的优质葡萄酒，使中国葡萄酒展现出和而不同、和美与共的特点。

第一节　新疆产区

新疆葡萄酒历史悠久、文化厚重，在消费者心中有美好的印象，广袤的土地和独特的气候条件，有利于新疆葡萄酒产业高质量发展。

一、自然特征

（一）地形地貌

"三山夹两盆"是对新疆地形地貌的形象概括。由北至南横亘着阿尔泰山、天山山脉和昆仑山，三个山脉将新疆分成了两块盆地，北面是准噶尔盆地，南面是塔克拉玛干沙漠所在的塔里木盆地。

位于南疆的塔里木盆地面积约53万平方千米，是中国最大的内陆盆地。塔里木盆地中部的塔克拉玛干沙漠，面积约33万平方千米，是中国最大、世界第二大流动沙漠。贯穿塔里木盆地的塔里木河全长约2 486千米，是中国最长的内陆河。位于北疆的准噶尔盆地面积约38万平方千米，是中国第二大盆地。在天山的东部和西部，还有被称为"火洲"的吐鲁番盆地和被誉为"塞外江南"的伊犁河谷。位于吐鲁番盆地的艾丁湖，湖盆最低处低于海平面154.31米，是中国陆地最低点。现有绿洲面积16.2万平方千米，占新疆总面积的9.7%，其中天然绿洲面积6.17万平方千米，占绿洲总面积的38.1%。湿地总面积4.58万平方千米。

区内冰川储量2.13万亿立方米，占全国的42.7%，有"固体水库"之称。区内共有河流3 355条，其中年径流量超过10亿立方米的有18条。多年平均水资源量834亿立方米，其中地表水791亿立方米、地下水43亿立方米，水资源总量约为全国的3%。区内水域（湖面）面积超过1平方千米的湖泊110个，水面面积合计约5 500平方千米，其中博斯腾湖面积约1 000平方千米，是中国最大的内陆淡水湖。

（二）气候条件

新疆属于典型的温带大陆性干旱气候，降水集中在山区，平原区降水少、蒸发量大，年均降水量177毫米。水资源时空分布极不均衡，西多东少、北多南少、山区多平原少。全年日照时数达2 550~3 500小时，无霜期150~240天，有利于葡萄进行光合作用，从而提高葡萄的品质和产量。

（三）土壤条件

新疆土地面积为166万平方千米，占全国的1/6，现有耕地5 000多万亩，占总面积的1.9%，可开垦土地尚有3亿亩左右，为发展葡萄酒产业提供了充足的土地资源。但土壤普遍存在盐渍化和贫瘠化的现象。

新疆产区的土壤类型主要为棕漠土、灰漠土和潮土。富含钙质，土层深厚，有机质含量在0.2%~0.8%，pH值7.0~8.2。土壤特征为缺氮、少磷、富钾。

二、产区发展现状

（一）葡萄种植

2022年新疆产区有酿酒葡萄35.51万亩，主要分布在伊犁河谷、天山北麓、焉耆盆地、吐哈盆地4个子产区，以及阿克苏传统慕萨莱思葡萄酒特色产区。产区酿酒葡萄品种资源丰富，主栽品种为赤霞珠、美乐、品丽珠、马瑟兰、马尔贝克、小味儿多、法国蓝、烟73等红色品种，以及霞多丽、小芒森、白诗南、贵人香、白玉霓等白色品种。此外，近年来一部分无核白也用于酿造葡萄酒和白兰地。

新疆产区历年酿酒葡萄种植面积的变化如图3-1所示。

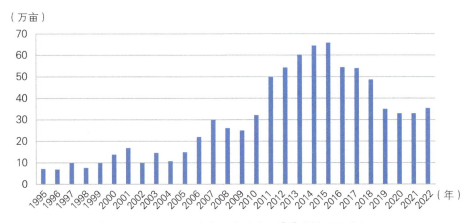

（万亩）

图3-1　1995—2022年新疆产区酿酒葡萄种植面积的变化

（二）产业规模

目前新疆产区已建成各具特色，一、二、三产融合发展的特色葡萄酒庄134家（表3-1），获得A级旅游景区认证的有12家，品牌集聚效应初步显现。获准使用"葡萄酒酒庄酒"证明商标的有4家，通过中国酒庄酒商标审核的有10家。葡萄酒品牌有200多个，包括尼雅、楼兰、乡都、中菲、天塞、伊珠等一批国内外有名的葡萄酒品牌，有干红、干白、甜型酒、起泡酒、葡萄烈酒、加强型葡萄酒等种类。"慕萨莱思"作为新疆民族特色葡萄酒，有着3000多年的酿造历史，技艺手法独特，被称作"西域葡萄酒的鼻祖""中国葡萄酒活化石"。2022年生产各类葡萄酒共计12万吨。新疆产区历年葡萄酒产量的变化如图3-2所示。

表3-1 新疆产区代表性酒庄

子产区名称	代表酒庄
伊犁河谷	丝路、伊珠、婉桐
天山北麓	张裕巴保男爵、中信国安、大唐西域、西域明珠、沙地、天山冰湖、瑶池西夜
焉耆盆地	乡都、天塞、中菲、元森、芳香庄园、国菲、佰年、西丹
吐哈盆地	楼兰、蒲昌、驼铃、新葡王、车师、零海拔、恒汜、赤亭、沙漠绿洲、新雅

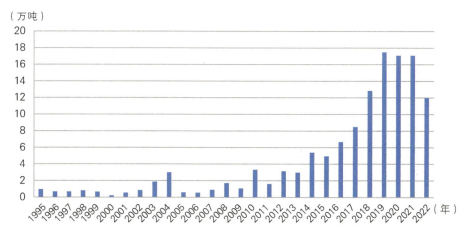

图3-2 1995—2022年新疆产区葡萄酒产量的变化

（三）产业政策

2019年出台的《新疆维吾尔自治区葡萄酒产业发展规划（2019—2025年）》，提出以"政府引导，市场主导；基地建设，集约发展；科技创新，品牌优先；文化引领，产业融合；质量安全，绿色发展"为基本原则。重点任务为：提升种植基地标准化水平，加大品牌培育和市场开拓力度，培育壮大龙头企业，做优做强特色酒庄，推动"葡萄酒+文旅"融合发展，增强创新发展能力，提升绿色发展水平，完善物流配送体系。

新疆成立了自治区葡萄酒产业发展领导小组，负责制定和组织实施葡萄酒产业发展规划，制定葡萄酒产业发展政策措施，协调解决葡萄酒产业发展中的重大问题。有关地（州、市）成立相应组织协调机构，统筹推进任务落实。自治区各行业主管部门要履行规划、指导、管理、服务等职能,加大工作力度,密切配合,形成合力,确保各项政策措施落到实处。

2021年,新疆发布《新疆维吾尔自治区葡萄酒产业"十四五"发展规划》,提出到2025年,以天山北麓、伊犁河谷、焉耆盆地、吐哈盆地四大葡萄酒主产区引领发展,推动阿克苏传统慕萨莱思葡萄酒特色产区和南疆三地州葡萄蒸馏酒新兴产区加快发展,鼓励支持具备产业基础和发展条件的其他地区发展葡萄酒产业,在全疆形成"4+2"为主的葡萄酒产业发展格局。

三、产区优势

新疆产区的地形、气候、土壤与充足的水源,为葡萄酒产业发展提供了得天独厚的自然条件。丰富的可直接利用的土地,易形成规模化、集约化、机械化生产,为发展葡萄酒产业提供了充足的土地资源。在"一带一路"建设中,新疆产区是重要节点和核心地区,为葡萄酒产业发展提供了重要的地理优势。深厚的历史文化底蕴、丰富的文旅和生态资源、长期的发展经验,为葡萄酒产业发展提供了产业基础。

四、存在问题

目前,新疆产区在发展过程中仍然存在着较为突出的问题,主要表现如下:①统筹谋划产业发展不足。从酿酒葡萄种植品种选育到葡萄酒品牌培育环节,缺乏科学的发展规划和统一的协调机制,存在主要产区低水平重复建设、特色不明显、酒庄缺乏整体规划和盲目建设、与旅游等相关产业融合度不高等突出问题。产业发展扶持政策缺乏系统性,扶持的广度和力度与国内新兴葡萄酒产区存在一定差距,无法形成竞争优势。②优质酿酒葡萄基地建设滞后。各子产区没有利用好自然条件差异明显的优势,缺乏优质品种和本地特色品种,产区优势未能充分发挥。酿酒葡萄主栽品种单一,原料同质化现象较为突出。酿酒葡萄标准化种植的规模较小,种植及配套技术研究推广缓慢,良种化率亟待提高。③生产成本居高不下。新疆远离东部葡萄酒主要消费市场,运输及营销成本高,与东部企业竞争劣势明显。适宜酿酒葡萄生长的土地以戈壁荒滩为主,土地整备费用较大,葡萄冬季易受冻害,入秋埋土增加种植成本,加之种植机械化程度不高,酿酒葡萄种植成本与智利、葡萄牙等新兴葡萄酒生产国相比偏高。④品牌营销和市场推广不够。产区缺乏整体推介,市场开拓滞后,全国知名品牌少,高附加值的精品和个性化产品少。葡萄酒产业发展、特色酒庄建设与新疆葡萄酒历史文化底蕴挖掘、文化展示、旅游推广等融合不够。⑤人才队伍建设亟待加强。技术支撑体系薄弱,缺乏选育、种植和栽培酿酒葡萄的科技人才与葡萄酒工艺研发、营销策划和企业管理等方面的专业人才。现有技术人员专业培训跟不上,种植户缺乏技术指导,葡萄园管理不到位。

五、展望

新疆产区凭借其地理条件、政策条件、市场条件等优势在中国葡萄酒产业中占据了重要地位,面对激烈的葡萄酒市场竞争,新疆葡萄酒产业发展需要研究其优势和劣势,提出合理的应对策略:①建立健全各类技术标准和相应操作规程。②加强宣传推介,推动品牌"走出去"。③实施品牌培育工程,打造产区共有品牌。④加快数字化转型,创建公共服务平台。⑤维护葡萄酒地理标志形象,实施地理标志产品保护。⑥挖掘新疆特色资源,提升品牌活力。⑦培育产业技术人才,加强产学研交流合作。自治区政府还需加大对葡萄酒产业发展的支持力度,立足本地优势资源,发挥葡萄酒品牌集聚效应,提高其国内外市场的竞争力和影响力,才能实现新疆葡萄酒产业的持续高质量发展。

第二节　宁夏贺兰山东麓产区

虽然宁夏贺兰山东麓产区葡萄种植的历史有1000多年了,但现代葡萄酒产业起步于1982年,这一年玉泉营农场开始种植酿酒葡萄,并于1985年建成玉泉营葡萄酒厂。经过近40年的发展，宁夏贺兰山东麓葡萄酒产区已成为国内外知名的葡萄酒产区。2003年，贺兰山东麓产区被确定为国家地理标志产品保护区，保护范围总面积20万公顷，共涉及12个县、市（区）。习近平总书记于2016年、2020年两次视察宁夏，对中国和宁夏葡萄酒产业给予高度肯定、寄予殷切厚望，为开辟产业发展新阶段指明了方向、提供了遵循。

一、自然特征

（一）地形地貌

宁夏位于黄河中上游黄土高原西北。从西面、北面至东面，有腾格里沙漠、乌兰布沙漠和毛乌素沙地相围，南面与黄土高原相连。地势南高北低，西部高差较大，东部起伏平缓。宁夏贺兰山东麓产区位于宁夏黄河冲积平原和贺兰山冲积扇之间，西有贺兰山阻挡寒流，东有黄河水灌溉，地理条件优越。

（二）气候条件

宁夏远离海洋，深居内陆，具有春季多风、夏少酷暑、秋凉较早、冬寒漫长、雨雪稀少、日照充足、南寒北暖、南湿北干等特点，是典型的大陆性季风气候。年平均气温5℃~9℃，年日照时数2 800小时以上，昼夜温差大，一般为10℃~15℃；平均无霜期170天；年降水量少，由南向北迅速递减，为200毫米左右。贺兰山东麓产区气候条件和便利的引黄灌溉，为酿酒葡萄的种植提供了优越的自然环境。此外，由于干旱少雨、冬季寒冷，葡萄园病虫害很少。但存在春季晚霜冻和冬季低温冻害等气象灾害，因此葡萄需要埋土防寒。

（三）土壤条件

贺兰山东麓产区成土母质以冲积物为主，地势相对平坦，土壤侵蚀度轻。土壤以淡灰钙土为主，占50%以上，含有砾石、沙砾，多为沙壤。土质疏松，透气性好，pH值7.5~8.7，有机质含量低，通气透水性强，土壤持水量低，有利于促进葡萄根系的下扎，吸收深层土壤的元素，形成不同特色的葡萄酒。此外，宁夏贺兰山东麓的土壤有害金属元素含量均低于全国土壤的平均值，符合绿色有机认证对土壤环境的要求。

二、产区发展现状

（一）葡萄种植

据不完全统计，2022年贺兰山东麓葡萄酒产区有酿酒葡萄58.31万亩，主要分布在从北到南的石嘴山、贺兰、银川、永宁、青铜峡和红寺堡六个子产区。主栽的红葡萄品种有赤霞珠、美乐、蛇龙珠、品丽珠、黑比诺、西拉、马尔贝克、马瑟兰、佳美、小味儿多等，约占90%（其中：赤霞珠占65%，美乐占15%，其他占10%）；白葡萄品种有霞多丽、贵人香、雷司令、长相思、威代尔、维欧尼等，约占10%。贺兰山东麓产区酿酒葡萄种植面积的历年变化如图3-3所示。

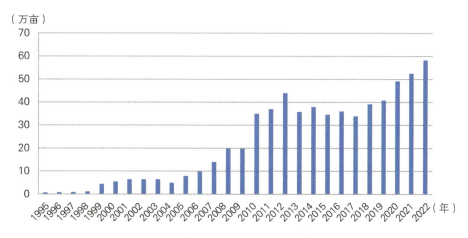

（万亩）

图3-3　1995—2022年贺兰山东麓产区酿酒葡萄种植面积的变化

（二）产业规模

2022年宁夏贺兰山东麓产区拥有酒庄和种植企业实体228家，共生产各类葡萄酒10.35万吨，综合产值342.7亿元，酒庄年接待游客超过135万人次，葡萄酒产业已成为宁夏扩大开放、调整结构、转型发展、促农增收的重要产业。[①]

贺兰山东麓产区历年葡萄酒产量的变化如图3-4所示。

---

① http://www.nxputao.org.cn/cqgk/hlsdl/202212/t20221207_4947107.html.

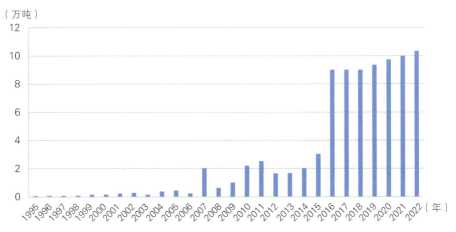

图3-4　1995—2022年贺兰山东麓产区葡萄酒产量的变化

目前，贺兰山东麓产区是我国唯一实行葡萄酒庄列级管理的产区。列级酒庄实行5级制，为1~5级，1级为最高。表3-2列出了最新（2021年）评定的列级酒庄。

表3-2　贺兰山东麓产区最新评定的列级酒庄（2021年）

级别（共57家）	酒庄
2级（9家）	志辉源石酒庄、贺兰晴雪酒庄、巴格斯酒庄、玉泉国际酒庄、贺东庄园、留世酒庄、利思酒庄、迦南美地酒庄、立兰酒庄
3级（15家）	铖铖酒庄、美贺庄园、贺兰神酒庄、米擒酒庄、蒲尚酒庄、保乐力加酒庄、名麓酒庄、蓝赛酒庄、汇达酒庄、宝实酒庄、兰一酒庄、原歌酒庄、新牛酒庄、贺兰芳华酒庄、海香苑酒庄
4级（18家）	禹皇酒庄、法塞特酒庄、长城天赋酒庄、张裕摩塞尔十五世酒庄、森淼兰月谷酒庄、御马酒庄、金沙湾酒庄、西鸽酒庄、长和翡翠酒庄、华昊酒庄、维加妮酒庄、和誉新秦中酒庄、沃尔丰酒庄、东方裕兴酒庄、罗山酒庄、红寺堡酒庄、阳阳国际酒庄、类人首酒庄
5级（15家）	天得酒庄、新慧彬酒庄、红粉佳荣酒庄、皇蔻酒庄、夏木酒庄、西御王泉酒庄、容园美酒庄、凯仕丽酒庄、仁益源酒庄、嘉地酒园、莱恩堡酒庄、鹤泉酒庄、漠贝酒庄、罗兰马歌酒庄、麓哲菲酒庄

（三）产业政策

宁夏回族自治区先后出台了《中国（宁夏）贺兰山东麓葡萄产业及文化长廊发展总体规划》《宁夏回族自治区贺兰山东麓葡萄酒产区保护条例》《关于加强贺兰山东麓葡萄酒质量监管品牌保护及市场规范的指导意见》《创新财政支

农方式加快葡萄产业发展的扶持政策暨实施办法》《葡萄酒产业高质量发展实施方案》等政策性文件，为产业发展提供了政策支撑。自治区及相关市、县（区）配套建设了产区水、电、路、林等基础设施，实现"旱能灌、园成方、林成网、路相连、网覆盖"的设施体系。

三、产区优势

贺兰山东麓产区良好的气候、优质的土壤和便利的引黄灌溉，为生产质量优良、风味独特的葡萄酒提供了优越的自然环境。为了充分发挥独特资源禀赋，产区坚持酒庄基地一体化发展模式，已经成为全国最为集中的酒庄集群产区，并且已经形成各具特色的石嘴山、贺兰、银川、永宁、青铜峡和红寺堡六个子产区，先后有60多家酒庄的葡萄酒在品醇客、布鲁塞尔、巴黎等国际葡萄酒大赛中获得1 100个奖项，占全国获奖总数的60%以上。"贺兰山东麓酿酒葡萄"入选第四批中国特色农产品优势区，"贺兰山东麓葡萄酒"品牌价值被中国品牌建设促进会评定为301.07亿元，位列全国地理标志产品区域品牌榜第9。《纽约时报》将宁夏评为全球"必去"的46个最佳旅游地之一。"贺兰红""长城天赋""张裕摩塞尔""银色高地"等葡萄酒荣登国宴酒单，产区葡萄酒远销德国、美国、比利时、加拿大、法国、新加坡等40多个国家和地区。这些都明显提升了贺兰山东麓产区的品牌影响力。特别是2021年，国家葡萄及葡萄酒产业开放发展综合试验区（由农业农村部、工业和信息化部、自治区人民政府共建）、中国（宁夏）国际葡萄酒文化旅游博览会（由自治区人民政府、农业农村部、文化和旅游部、中国人民对外友好协会共同主办）两个平台落户宁夏，标志着宁夏葡萄酒产业发展进入国家战略，开启产业发展新纪元。

四、存在问题

一是技术水平有待提升。主要表现在优质抗寒耐旱酿酒葡萄品种缺乏，葡萄园管理农艺农机融合水平不高，葡萄酒产品个性化不足，产业废物资源化利用效率较低，产业管理的智慧化水平亟待提高等。二是产区文化内涵挖掘不深。对产区历史、风土、人文、自然等葡萄酒文化挖掘不够，对酒庄和产品文化内涵提炼不深。三是品牌知名度不高。产区品牌业内名气很大，但缺少在消费者中叫得响的酒庄品牌和产品品牌。有市场竞争力的酒庄品牌、产品品牌少，品牌对产品销售的带动效应和品牌价值还没有充分发挥出来。部分酒庄重生产、轻销售，缺乏专业化的营销队伍、营销平台和现代化营销手段。

五、展望

2024年宁夏回族自治区政府对贺兰山东麓产区的工作思路是：坚持以习近平总书记关于葡萄酒产业发展重要指示为遵循，以建设黄河流域生态保护和高质量发展先行区为统领，以综试区建设为总抓手，以推动中国加入国际葡萄与葡萄酒组织（OIV）为契机，以技术创新为支撑，以项目建设为动力，以扶优扶强为原则，坚持产业发展与生态治理紧密结合、国际标准与宁夏特色统筹兼顾、"引进来"与"走出去"双轮驱动，充分发挥贺兰山东麓产区风土特色优势，突出办好博览会、推进综试区建设、强化技术创新、支持酒庄做优做强、探索金融支持、加强宣传推介、建设重点项目、加大招商引资、加强产区监管、推进融合发展等重点任务，打造"世界葡萄酒之都"，引领中国葡萄酒"当惊世界殊"。

第三节　京津冀产区

京津冀是中国的"首都圈"，包括北京市、天津市以及河北省，其葡萄栽培已有1300多年历史，分布有葡萄酒生产企业或酒庄80多家。1910年法国圣母天主教会修士在北京阜外马尾沟建立的葡萄酒窖，是中国近代第二个葡萄酒厂。天津地处华北平原东北部，东临渤海，北枕燕山，在我国的葡萄酒产业中占有重要的地位，是我国第一家中外合资葡萄酒企业的诞生地，也是我国种植面积最大、品种特性最典型的玫瑰香葡萄产区。河北省是我国著名的葡萄酒生产基地。

一、自然特征

（一）地形地貌

京津冀产区地域十分广阔，处华北平原东北部，北与内蒙古自治区接壤，东北与辽宁省相接，东南与山东省毗连，南与河南省为邻，西倚太行山与山西省交界。地势西北高、东南低，从西北向东南呈半环状逐级下降。京津冀产区地形高原、山地、丘陵、盆地、平原类型齐全，从西北向东南依次为坝上高原、燕山和太行山地、河北平原。坝上高原属蒙古高原的南缘，地貌特征以丘陵为主，湖泊点缀其间。燕山和太行山地，主要是丘陵和盆地地形，土、水、肥各方面条件良好，是干鲜果品的集中产区。河北平原是华北大平原的一部分，分布于河北省中部及东南部地带，主要由山麓平原、中部平原和滨海平原组成，海河流域贯穿全境。位于太行山东麓的山麓平原是京津冀产区农业生产条件最好的地区；中部平原是主要的农区，但农业生产条件相对较差，干旱缺水；滨海平原沿渤海海岸呈半环状分布。

（二）气候条件

京津冀产区地处中纬度欧亚大陆东岸，位于我国东部沿海，属于温带湿润半干旱大陆性季风气候，大部分地区四季分明，雨热同季。寒暑悬殊，雨量集中，干湿期明显，具有冬季寒冷干旱、雨雪稀少，春季冷暖多变、干旱多风，夏季炎热潮湿、雨量集中，秋季风和日丽、凉爽少雨的特点。

区内总体气候条件较好，温度适宜，日照充沛，热量丰富。年平均气温由北向南逐渐升高，冀北高原年平均气温低于4℃，中南部地区年平均气温上升至12℃以上。南北年平均气温相差悬殊。年极端最高气温多出现在6月，长城以南都在40℃以上。年极端最低气温主要在冀北高原，达-30℃以下。

平均年降水量为350~770毫米，但年降水量时空分布极不均匀，总的趋势是西北部少于东南部。产区年内降水时段分配也极不均匀，降水变率大，强度也大，以夏季降水量最多，占年降水总量的65%~75%，一些地区夏季降水往往集中于几次暴雨；冬季降水量最少，仅占全年的2%左右；秋季稍多于春季，分别占

15%和10%左右。京津冀产区是全国降水变率最大的产区之一，多雨年和少雨年降水量有时相差15~20倍之多，一般也有4~5倍，致使境内经常出现旱涝灾害。

京津冀产区日照充足，热量丰富。年均日照在2 400~3 100小时，日照条件较好。冀北山区及北部山区和渤海沿岸是稳定的多日照区，年日照为2 800~3 100小时；燕山南麓和太行山中北部地区次之，年日照为2 700~2 900小时；山麓平原、低平原及太行山南部最少，年日照为2 400~2 700小时。

（三）土壤条件

京津冀产区土壤类型多样，分布较广、面积较大的主要有8种土类，即褐土、潮土、棕壤土、栗钙土、栗褐土、风沙土、草甸土、灰色森林土。

褐土主要分布在太行山麓的京广铁路两侧，燕山南麓通州区至唐山一线以北，海拔1 000米以下的低山、丘陵及山麓平原、冲积扇上中部地带。潮土主要分布在京广铁路以东、津浦铁路以西，通州区至唐山以南的平原地区。棕壤土分布于太行山、燕山的中山和部分低山及冀东海滨丘陵上。栗钙土主要分布在张家口地区的坝上高原和坝下张家口、宣化、怀来、阳原、蔚县盆地的部分地区。栗褐土主要分布在坝下西部万全、怀安、阳原的低山丘陵及河谷地带。风沙土主要分布在各大河流的下游沿岸、古河道附近及沙化严重的农田附近。草甸土主要分布在坝上高原湖滨下湿滩地以及山区地势平坦、地下水位1~3米的河谷地带。灰色森林土主要分布在坝上高原东北部的低山丘至围场一带。其他地区也零星分布着盐土、黑土、水稻土、沼泽土等类型土壤。

二、产区发展现状

（一）葡萄种植

据不完全统计，2022年京津冀产区酿酒葡萄种植面积为16.01万亩，其中：北京2.37万亩，主要集中在密云、房山和延庆区；天津1.86万亩，主要集中在蓟州、宁河、滨海新区（主要是原汉沽区和大港区）；河北11.78万亩，主要集中在张家口、秦皇岛和唐山。品种以龙眼、赤霞珠和玫瑰香为主，也有美乐、蛇龙珠、品丽珠、黑比诺、西拉、烟73、贵人香、霞多丽、白玉霓、白诗南、长相思的栽培区域。近年来，小芒森、马瑟兰、维欧尼、小味儿多等小众特色品种发展较快。京津冀产区历年的酿酒葡萄种植面积的变化如图3-5所示。

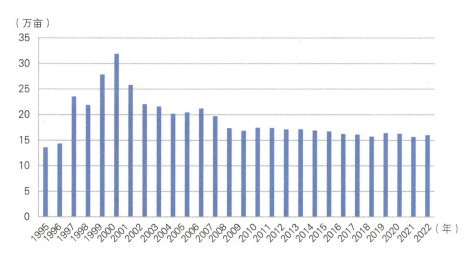

（万亩）

图3-5　1995—2022年京津冀产区酿酒葡萄种植面积的变化

（二）产业规模

据不完全统计，2022年，京津冀产区有葡萄酒生产企业、酒庄73家，其代表性企业的分布见表3-3。京津冀产区的葡萄酒产品类别齐全，2022年产量8.72万吨，基本与2021年持平，其中北京产量1.22万吨，天津产量1万吨、河北产量6.50万吨。京津冀产区历年的葡萄酒产量的变化如图3-6所示。

表3-3　京津冀产区代表性葡萄酒生产企业

产区	小产区	企业
北京市	中心市区	北京龙徽酿酒有限公司（海淀区）、北京圣露国际酒庄（朝阳区）
	房山区	北京莱恩堡葡萄酒业有限公司、丹世红酒庄、北京乾元君健葡萄酒科技服务有限公司、波龙堡葡萄酒业有限公司、沃德酒庄
	密云区	北京张裕爱斐堡国际酒庄、北京邑仕庄园
	通州区	北京丰收葡萄酒有限公司
	大兴区	北京玛莱特庄园葡萄酒有限公司
	延庆区	北京辉煌云上葡萄酒庄有限公司
天津市		中法合营王朝葡萄酿酒有限公司（北辰区）、天津孟庄园葡萄酿酒有限公司（滨海新区）

产区	小产区	企业
河北省	昌黎	朗格斯酒庄（秦皇岛）有限公司、海亚湾酒庄、贵州茅台酒厂（集团）昌黎葡萄酒业有限公司、福波斯酒业、云城酿酒、夏都桃红、昌都酒业、一品红庄园、今朝美庄园、燕玛酒庄、金士酒庄、龙腾酒庄、玛蒂尼酒庄、十年红酒庄、嘉泰酒庄、中粮华夏长城葡萄酒有限公司、龙辰酿酒、茅台酒洞、昌黎地王酿酒有限公司、越千年酿酒、龙脉酿酒、燕山庄园、茅台凤凰酒庄、龙灏酒庄、长城庄园、海峪庄园、金海酒业、柳河山庄、恺雨酒庄
	抚宁	仁轩酒庄
	怀涿盆地	瑞云酒庄、福瑞诗酒庄、中法庄园、迦南酒业、怀来红叶庄园葡萄酒有限公司、德厚庄园、丰收庄园葡萄酒有限公司、怀来紫晶庄园葡萄酒有限公司、百花谷庄园、龙徽庄园、怀来县容辰庄园葡萄酒有限公司、德尚葡萄酒庄园、香水湾·艾伦酒庄、叶浓庄园、河北马丁葡萄酿酒有限公司（马丁酒庄）、桑园葡萄酒、誉龙葡萄酒庄园、安特葡萄酒庄园、河北龙泉葡萄酒有限公司、河北沙城家和酒业有限公司、中粮长城桑干酒庄（怀来）有限公司、古堡葡萄酒庄园、贵族庄园葡萄酒业有限公司、张家口世纪长城酿酒有限责任公司、中国长城葡萄酒有限公司、河北沙城庄园葡萄酒有限公司、张家口长城酿造集团、怀来赤霞葡萄酒有限公司、河北益利葡萄酒有限公司、河北神农庄园葡萄酒有限公司、涿鹿龙珠葡萄酒有限公司

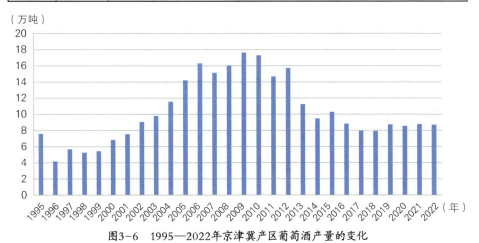

（万吨）

图3-6　1995—2022年京津冀产区葡萄酒产量的变化

（三）产业政策

近年来，北京市开展了北京酒庄葡萄酒产业体系建设调研，以市场为导向，以有效提高劳动生产率、土地产出率和资源利用率为要求，明确北京酒庄葡萄酒产业区域布局、发展重点、发展规模和发展模式，重点推进房山、延庆、密云酒庄葡萄酒产业发展，促进农业林业产业结构调整，有效带动当地农民就业增收。区级层面制定了《北京市房山区国民经济和社会发展第十四个五年规划和二〇三五年远景目标纲要》，提出打造酒庄葡萄酒特色产业，支持葡萄酒产区发展，推动葡萄酒产业多元融合发展。此外，还指导和支持北京市部分葡萄酒庄、高校、科研机构、相关企业、投资公司、市场营销公司联合发起成立了北京酒庄葡萄酒发展促进会（为北京市社会团体登记管理机关核准登记的非营利性的社会团体）。

河北省出台相应政策，加大怀来、昌黎两大中国特色农产品优势区推广力度。将葡萄酒重点龙头企业同葡萄产业集群建设紧密结合，通过集群资金给予一定支持，并在省级农业产业化龙头企业认定中对葡萄酒企业给予一定倾斜，帮助其获得贷款及金融政策支持。突出"一乡一业、一村一品"，着力提高葡萄品质，鼓励葡萄酒生产企业所在的村镇开展优质葡萄种植基地建设，为企业提供优质原料。指导怀来、涿鹿、昌黎、卢龙等县把葡萄产业作为立县的主导产业或支柱产业加快发展，以现代园区、龙头企业为重点，发展"生产+观光+生态"葡萄产业。引导河北葡萄生产企业积极参加全国农交会、廊坊农交会、上海亚果会等展会，加大宣传推介力度，扩大市场份额。

三、产区优势

（一）气候独特

京津冀产区气候条件相当优越，属于温带湿润半干旱大陆性季风气候。北京（密云、房山、延庆）、天津（滨海新区、蓟州）、河北产区（怀来、秦皇岛）是我国葡萄酒气候区划的优质产区。产区拥有干燥的气候和肥沃的土壤，为葡萄的生长和成熟提供了得天独厚的条件。因此，京津冀产区应凭借葡萄品质高，葡萄酒口感丰富、香气浓郁的特点，放大产区优势、擦亮产区名片，使我国葡萄酒自然生态、气候区划优势变为产业优势。

（二）历史悠久

据历史资料记载，京津冀产区内种植葡萄的历史已有1300多年。20世纪初，法国圣母天主教会修士在北京阜外马尾沟13号法国圣母天主教墓地建立了教堂酒坊，这是北京葡萄酒产业的一个重要起点。河北秦皇岛的昌黎和张家口怀来产区，经过几十年的发展，已成为我国重要的葡萄酒产区。天津的中法合营王朝葡萄酿酒有限公司是我国制造业第一家中外合资企业（始建于1980年）。京津冀产区拥有丰富的葡萄酒历史积淀和产业发展经验。

（三）良好的市场回暖态势

北京、天津已经成为全国葡萄酒核心消费区，是众多葡萄酒品牌云集之地。河北成为葡萄酒行业的中等消费区之一。国家统计局数据显示：2023年，北京、天津、河北的居民人均可支配收入，分别为81 752元、51 271元、32 903元，分别位列全国的第2、第5、第17；人均消费支出分别为42 683.2元、31 323.7元、20 890.3元，分别位列全国的第2、第6、第18。因此，北京、天津消费葡萄酒能力较强，河北居中，京津冀有深耕葡萄酒消费群体的基础。随着我国葡萄酒产业发展触底反弹，京津冀葡萄酒市场有良好的回暖态势。

四、存在问题

（一）葡萄基地少

葡萄酒生产依赖葡萄基地原料保障，基地与土地有直接关系，北京、天津永久基本农田有限，非农化土地少。根据国务院办公厅印发的《关于坚决制止耕地"非农化"行为的通知》（国办发明电〔2020〕24号），葡萄只能在果园、林地、沙地发展，土地有限，限制了葡萄酒产业的发展。河北虽有丰富的果园、林地、沙地的后备资源，葡萄基地建设也受到制约。

（二）产区葡萄酒质量风格尚未提炼

各产区的葡萄酒既具有产区的地理特征，又具有小产区地理特征的葡萄酒质量风土。例如，京津冀产区着力打造延怀河谷、怀涿盆地等小产区，但迄今为止，没有提炼出各小产区葡萄酒质量风土，也没有塑造小产区独有的形象。

（三）葡萄酒消费优势不明显

北京市场为核心消费区，葡萄酒消费价格主要集中于300~600元。此外，北京市场消费特点呈现出多元化、高端化、品牌化，尽管国产酒在北京市场拥有一定市场份额，但体量不大。河北是葡萄酒主产区之一，但葡萄酒酒企仍然无法占位核心消费市场。天津是中国北方重要的综合性港口和对外贸易口岸，成为国产葡萄酒与进口葡萄酒竞争的战略要地，为天津消费者提供了更多选择。由此，京津冀产区的消费市场仍然存在不平衡、不充分的问题，国产酒消费优势还未凸显出来。

五、展望

（一）建立京津冀产区协同机制

京津冀产区是我国不同消费区位下葡萄酒生产、消费的样板区，三地应打破区划分割，谋求协同发展，建立京津冀产区协同建设小组，制定京津冀葡萄酒产区发展规划和葡萄酒市场行动计划，设计VI形象系统，共同举办国际国内葡萄酒研讨会、研讨班、质量大赛等活动，推动京津冀产区走向世界。

（二）强化区域科技协同创新

结合产区内外葡萄酒相关的大专院校、科研机构和企业的科技创新优势，加强葡萄与葡萄酒关键核心技术联合攻关，共建京津冀葡萄酒国家产业创新中心，提升科技创新增长引擎能力，全力打造葡萄酒全产业链集群先行区。

（三）加快建设京津冀葡萄酒文化旅游生态圈

作为引领人们回归自然、健康生活的一种新方式，葡萄酒文化旅游已悄然兴起。立足北京延庆、房山、密云，天津滨海新区、蓟州，河北秦皇岛、张家口等地丰富的葡萄与葡萄酒文旅资源，与其他行业旅游景区相结合，打造如延怀葡萄酒河谷、承德密云葡萄酒文旅区、京津葡萄酒文旅区、葡萄酒与其他产业区际旅游区等葡萄酒文化旅游生态圈，以凸显京津冀葡萄酒产区的经济效应、生态效应和社会效应。

第四节　山东产区

山东省地处中国东部、黄河下游，包括东部半岛与西部内陆两部分：境域东部的山东半岛突出于黄海、渤海之间，隔渤海海峡与辽东半岛遥遥相对；庙岛群岛（又称长山列岛）屹立在渤海海峡，是渤海与黄海的分界处，扼海峡咽喉；西部内陆部分自北而南依次与河北、河南、安徽、江苏4省接壤。

山东省是全国葡萄酒产业基础最好的省份，烟台是我国著名的葡萄酒产区和现代葡萄酒工业的发祥地，拥有张裕、威龙、烟台长城等一线品牌和蓬莱酒庄集群，葡萄酒产业链完备，是OIV命名的亚洲唯一的国际葡萄酒城。

一、自然特征

（一）地形地貌

山东省地貌特点是中部地势高、四周低，以泰、鲁、沂、蒙等海拔千米以上的中山构成鲁中山地的主体，向四周经低山、丘陵逐渐过渡到平原。山东地貌的另一特点是山地丘陵切割强烈，平原广阔坦荡。西南、西北低洼平坦，东部缓丘起伏，形成以山地丘陵为骨架、平原盆地交错环列其间的地形大势。西部、北部是黄河冲积而成的鲁西北平原区，是华北大平原的一部分。泰山雄踞中部，主峰海拔1 545米，为全省最高点。黄河三角洲一般海拔2～10米，为全省陆地最低处。境内地貌复杂，大体可分为中山、低山、丘陵、台地、盆地、山前平原、黄河冲积扇、黄河平原、黄河三角洲等9个基本地貌类型。

（二）气候条件

山东气候属暖温带季风气候类型。降水集中、雨热同季，春秋短暂、冬夏较长。夏季盛行偏南风，炎热多雨；冬季刮偏北风，寒冷干燥；春季天气多变，干旱少雨多风沙；秋季天气凉爽，冷暖适中。全省气候地区差异东西大于南北。

年平均气温11℃～14℃，由东北沿海向西南内陆递增：胶东半岛、黄河三角洲年均温在12℃以下，鲁西南在14℃以上；极端最低气温在-20℃～-11℃，极端最高气温在36℃～43℃。全年无霜期也由东北沿海向西南递增，鲁北和胶东一般为180天，鲁西南地区可达220天。年活动积温（≥10℃）3 800℃～4 600℃，全省光照年均2 290～2 890小时。平均年降水量一般在550～950毫米，由东南向西北递减。降水季节分布很不均衡，全年降水量有60%～70%集中于6至8月。

（三）土壤条件

棕壤，面积170.62万公顷，约占全省土地总面积的14.09%。主要分布在胶东半岛和沭河以东丘陵地区。陡坡多是林、牧用地，缓坡处适宜种植花生、地瓜等作物。棕壤稍显酸性，透气性强，为葡萄的根系生长提供了很好的环境。

二、产区发展现状

（一）葡萄种植

据不完全统计，2022年山东产区酿酒葡萄种植面积25.13万亩，主要分布在胶东半岛的烟台、青岛和威海，鲁南的枣庄、临沂和日照，鲁西北的德州、聊城等12个地级市。烟台产区的酿酒葡萄基地主要分布在莱州、龙口、蓬莱、莱山等地，代表企业有张裕、绿叶瀑拉谷、君顶酒庄、龙亭酒庄等；青岛产区的酿酒葡萄基地分布在平度、莱西等地，以华东、九顶庄园等企业为代表；威海的酿酒葡萄主要种植在乳山的台依湖酒庄；枣庄酿酒葡萄种植主要集中在山亭区的汉诺酒庄；德州的酿酒葡萄种植以德州城区的奥德曼酒庄为主。

山东产区的酿酒葡萄品种众多，其中：红色品种约75%，主要为赤霞珠、蛇龙珠、美乐、品丽珠；白色品种约25%，主要为霞多丽、贵人香、雷司令等。近年来，马瑟兰、小味儿多、小芒森等新兴特色品种发展较快。

山东产区历年酿酒葡萄种植面积的变化如图3-7所示。

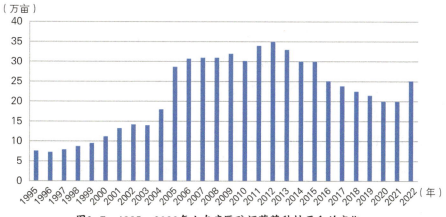

图3-7　1995—2022年山东产区酿酒葡萄种植面积的变化

（二）产业规模

据不完全统计，截至2022年底，山东产区拥有葡萄酒生产企业211家，其中烟台产区204家（包括上市企业4家），德州1家，淄博2家，青岛2家，泰安1家，威海1家。葡萄酒产量7.78万吨，其中烟台产区规模以上企业葡萄酒产量6.5万吨，占全国的30%，规模以上企业营业收入24.6亿元，占全国的27%，均处于全国领先地位。山东产区历年葡萄酒产量变化如图3-8所示。

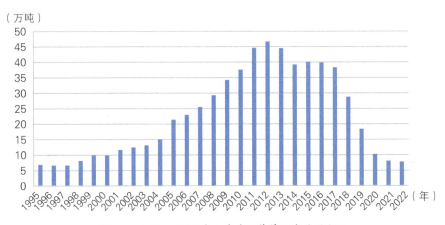

图3-8 1995—2022年山东产区葡萄酒产量的变化

（三）产业政策

为加强烟台葡萄酒产区保护，保障烟台葡萄酒质量和品牌信誉，促进烟台葡萄酒产业健康有序发展，烟台制定出台了《烟台葡萄酒产区保护条例》，并于2021年1月1日正式实施。

2020年，为充分发挥烟台作为亚洲唯一"国际葡萄·葡萄酒城"的品牌效应，进一步做大做强葡萄酒产业，更好助力全市产业发展和城市品牌打造，烟台出台了《关于促进烟台葡萄酒产业高质量发展的实施意见》，明确提出给予政策资金扶持。

2021年以来，烟台把葡萄酒产业作为全市16条重点产业链之一加快推进，围绕"抓产业先抓产区"的思路，出台了"链长制"实施方案和产区建设方案，确立了"夯实基础、抬高龙头、壮大产业、营造氛围"的发展思路，构建起"九个一"工作模式。

为更好发挥葡萄酒产业发展专项资金的引导作用，促进葡萄酒产业高质量发展，烟台市于2021年9月出台了《烟台市葡萄酒产业发展专项资金实施细则》。

三、产区优势

山东葡萄酒产区主要位于胶东半岛的烟台。烟台是中国现代葡萄酒工业的发祥地，是亚洲唯一的国际葡萄酒城。烟台葡萄酒根植齐鲁沃土，浸润儒学熏陶，历经130多年的发展，已经成为国内外知名的优质产区。

（一）产区底蕴深厚

1892年，爱国华侨张弼士在烟台创办张裕公司，开创了中国工业化酿造葡萄酒的新纪元。孙中山先生的"品重醴泉"、周恩来总理的"白兰地外交"、张裕1915年太平洋万国博览会的四大金奖等，都见证着烟台葡萄酒代表中国民族工业的高光时刻。目前，烟台葡萄酒品牌价值达859亿元，连续多年稳居全国地理标志产品葡萄酒类榜首，是当之无愧的第一区域品牌，葡萄酒已与烟台这座美丽的滨海城市紧紧地相融共生在一起。这些历史文化和产业优势在国内独树一帜。

（二）风土条件卓越

烟台地处北纬37°左右，坐拥千里海岸，地形以丘陵低山为主，满足优质葡萄酒所需的阳光、沙砾、海洋"3S"法则。烟台气候特点鲜明，年均气温13℃，降水500多毫米，日照2 600多小时，全年无霜期达215天，光照充足、生长期长，有利于葡萄风味物质积累，使得烟台成为世界七大葡萄海岸之一。

（三）产业链条完备

百年的产业根基，加上首批沿海开放城市的区位优势，使烟台葡萄酒具备了最完善的链条。目前，全市拥有葡萄酒生产企业204家，知名酒庄63个，配套企业250多家，张裕、中粮长城、珑岱等一大批知名头部企业扎根在此，烟台已成为中国葡萄酒产业配套最全、最集聚的产区，始终引领着中国葡萄酒发展风向标。

四、存在问题

近年来，山东产区面临引领地位正被赶超、品牌效应正在减弱等挑战。外因是全球经济增长乏力、国内经济减速换挡、新冠疫情影响、基地建设成本大幅提升和进口酒市场冲击等；内因则表现在产业规划缺失、品牌宣传力度不够、生产经营秩序有待规范等方面。

（一）外部原因

1. 国内市场需求端乏力

国内市场需求端的乏力是实现快速突破的最大阻碍。葡萄酒行业形势严峻，三年疫情不仅限制了葡萄酒的消费场景，更对大部分人的消费理念和消费行为模式产生了实质化的影响，消费者更加趋向"刚需""理性"消费，这对被视为"非必需品"的葡萄酒市场产生了巨大的影响。

2. 进口葡萄酒的"政策优势"

在国外，葡萄酒行业属于农业范畴，享受农业优惠政策，而在我国葡萄酒行业属于工业范畴，综合税负重。

（二）内部原因

1. 产业规划引领不足

宁夏、新疆、河北等产区先后出台葡萄酒产业发展专项规划，产业迎来了快速发展。山东产区主要集中于胶东半岛，产区虽然发展多年，但产业规划引领产业发展动力不足，产业发展与城市发展衔接度不够。酿酒葡萄基地建设是产业可持续高质量发展的根基，但受产业规划缺失、土地成本等因素制约，企业发展酿酒葡萄基地的意愿不强。

2. 种植管理成本较高

随着我国逐步进入老龄化社会，葡萄种植业也面临从业人员年龄偏大、对新型农业技术掌握程度不够、对现代化农业机械操控能力不强等问题，这对葡萄种植业乃至整个葡萄酒产业的发展形成了严重阻碍。如胶东地区，受劳动力老龄化严重影响，葡萄管理机械化程度较低，人工成本较高。此外，由于葡萄生长周期较长,3年以后才能酿酒,前期投入较大。同时,土地流转积极性不高,难以形成集中连片种植。

3. 生产经营秩序有待规范

部分企业为追求短期利益,存在侵犯商标知识产权、虚假宣传、以次充好等行为,严重影响了产区的形象。此外,由于市场监管缺乏,导致不法分子通过电商和商超等渠道,以虚标价格、销售假冒伪劣产品等手段谋利,损害消费者利益,打击葡萄酒企业家的创业积极性,危害行业健康发展。

4. 对葡萄酒认知水平有待提高

葡萄酒在中国的发展已经有数千年历史,但其工业化发展开始于1892年爱国华侨张弼士创办的张裕酿酒公司,距今132年,与国外主要葡萄酒生产国仍有一定的差距。在更多中国消费者的心目中,葡萄酒仍被认为是"舶来品""洋货"等,消费者对于葡萄酒的认知度较低,再加上"不良"之风的引导,让葡萄酒由"简单"变得"复杂",甚至有些消费者对葡萄酒感兴趣,但因为生涩难懂的葡萄酒专业词汇而对其望而却步,或者选择其他酒种。

五、展望

(一)发挥产业规划引领作用

山东产区应根据产区优势和风土条件,结合城市规划等上位规划,突出葡萄酒一二三产业融合发展的特点,制定葡萄酒产业发展规划,科学论证产区发展定位和发展方向,明确重点任务和政策措施,合理布局葡萄酒产业链。充分考虑酒庄建设用地和葡萄园用地,为产业发展预留空间。结合产业实际,在产业不同的发展阶段,制定更为具体完善的政策体系和实施细则,引导行业持续、长期、稳定发展。

(二)推动生态化基地建设

积极稳妥推进酿酒基地建设,对新增酿酒葡萄基地给予大力补贴,稳步扩大酿酒葡萄基地规模,认证保护老葡萄园,对现有优质葡萄园进行树龄补贴。加快推进酿酒葡萄品种培育及筛选工作,建设酿酒葡萄种质资源苗圃,培育具有产区风格特色的地标性葡萄品种。巩固传统特色葡萄品种优势，扩大马瑟兰、小芒森、小味儿多、白玉霓等适栽品种种植面积。推进酿酒葡萄种植技术提升和科学管理，开展葡萄园机械化设备研发及推广应用，支持社会化服务组织的培育，降低单个酒庄的生产成本。构建葡萄园智慧管理系统，支持优质葡萄园标准化、规模化、机械化、数字化管理。科学评估葡萄园碳汇价值，开展葡萄园生态系统中碳循环规律、碳汇价值及碳减排政策研究，为推动"碳中和"发挥作用。

（三）加强产区品牌宣传推介

按照"政府主打产区品牌，酒企主打酒庄品牌和产品品牌"的思路，尽快形成产区品牌效应，形成一批产品质量好、市场受欢迎的产品品牌。一是加强产区品牌策划，高水平策划烟台国际葡萄酒节、葡萄酒高峰论坛等系列活动，提升产区形象，扩大产区影响力。二是加强产区品牌推介，统一产区形象，统一宣传主题，组织企业参加国内外知名葡萄酒展会和葡萄酒大奖赛，不断提升产区葡萄酒市场占有率。积极开展产区葡萄酒课程推广活动，传播山东葡萄酒文化，讲好产区葡萄酒故事。三是实施葡萄酒地理标志品牌发展战略，在彰显产区共性的基础上通过系列化、个性化、参与性的营销策划、文化推广和科学普及等活动，宣传葡萄酒地理标志保护知识，让消费者熟知葡萄酒地理标志产品的独特优势和人文价值，使产区葡萄酒产品更具市场竞争力。四是正确引导消费文化，建立适应国内消费者的感官评价体系，讲好山东产区葡萄酒故事，打造中国葡萄酒特色文化，做大做强中国葡萄酒市场份额。

（四）提升葡萄酒产业融合发展

充分发挥葡萄酒产业自身特点，推动葡萄酒一二三产业融合发展。引导酒庄与农户建立土地流转新模式，完善葡萄酒产业用地确权登记，进一步稳定土地承包关系，确保农民长期受益。加强产区葡萄酒人文社科研究，探寻乡村振兴、康养文化与葡萄酒文化旅游融合创新路径，推动形成产业融合、产品融合、市场融合和服务融合的产业发展新业态、新优势。在主要城市广场、主要干道、城市出入口等增加展示葡萄酒文化主题的标识广告等，让葡萄酒文化载体建筑成为游客了解葡萄酒城的窗口。

（五）建立产业科技支撑体系

支持高校、科研机构和企业建设葡萄酒产业技术创新中心、技术研发中心、重点实验室等创新平台，启动优质苗木选育、病虫害绿色防控、葡萄酒特性研究等一批科研项目。鼓励科研院所和企业以产区风土为基础，形成适宜的栽培技术和酿酒工艺，发展独具特色的产品风格和品味，酿出具有本地特色的优质产品。成立产区葡萄酒专家智库，加强葡萄酒产业发展的顶层设计。支持高职高专、技工院校，围绕葡萄酒产业的技能人才需求，增设葡萄酒产业相关专业，培育更多葡萄酒专业技能人才。加快创建国家级葡萄酒技术性贸易措施研究评议基地，持续跟踪、研究、解析国外葡萄酒技术性贸易措施，研究相关应对技术和方法，为企业突破国外技术壁垒提供指导和帮助，提高出口企业应对能力。

（六）贯彻落实产区保护条例

贯彻落实好《葡萄酒产区保护条例》，加大产区立法保护、执行力度，加强对葡萄酒生产经营行为的监督检查，建立良币驱逐劣币的市场净化机制，严厉打击和查处无证灌装、假冒伪劣、以次充好等违法行为。加大对电商领域地理标志产品保护力度。构建地理标志保护区内的葡萄酒质量分级体系，引导市场良性发展。加快培育和壮大龙头企业，加快产业结构优化升级，推动葡萄酒产业资源优势向竞争优势转化。加快形成比较完善的葡萄酒全产业链技术标准和规范，夯实产业发展技术支撑，提升产区公信力。

（七）持续推进人才队伍建设

人才是关乎可持续发展的根本大计，坚持内部培养与外部招聘相结合，一方面实施青年优才培养计划，加强专业性培训，加强内部人才队伍的培养及储备，另一方面制定贯彻落实人才队伍建设五年发展规划，强化关键岗位、关键专业的高层次人才引进。

第五节　东北产区

东北产区位于中国的东北部，山海关以东以北，包括辽宁、吉林和黑龙江三省。东北产区是我国葡萄酒工业化酿造历史比较早的地区之一。1936年兴建的吉林市长白山葡萄酒厂和1938年成立的吉林通化葡萄酒厂就是最早利用山葡萄酿酒的酒厂。中华人民共和国成立前夕，东北地区的葡萄酒生产处于停产状况。中华人民共和国成立以后，东北地区相继成立了几十家葡萄酒企业。

一、自然特征

（一）地形地貌

东北产区地势的特征是东、北、西三面为低山、中山环绕，中部为广阔的大平原，海拔高度为500~1200米。有黑龙江、辽河两大水系，其他较小的河流还有鸭绿江、图们江、绥芬河、大小凌河等。该地区夏季凉爽，冬季严寒，葡萄生长期短，通常利用当地原产的山葡萄酿酒，山葡萄酒是中国独特的酒种之一。

（二）气候条件

东北地区温带大陆性气候和季风气候共存，跨越暖温带与寒温带，从湿润半湿润区过渡到半干旱区。东北产区基本处于半湿润区内，年降水量635~679毫米。冬天温度极低，全境冬季平均极端低温在-26℃，部分地区最低可达-40℃。年活动积温（≥10℃）2 567℃~2 779℃，因此，欧亚种葡萄在这里几乎难以生存。

东北产区包括三个葡萄酒子产区，北至南依次为黑龙江产区、吉林产区和辽宁产区。吉林生产规模最大，主要集中在通化地区；辽宁次之，其中桓仁已经成为在国内外有一定影响的冰葡萄酒产区；黑龙江省规模最小，企业主要分布在中东部地区。

（三）土壤条件

东北地区的土壤有明显的规律性。地带性土壤自北向南，可分为若干不同类型。黑龙江上游漠河附近的阶地及低丘,为棕色针叶林土;黑龙江中游河谷阶地有黑土的分布;向南为暗棕色森林土及潜育暗棕色森林土;小兴安岭西南部的山前台地为黑土地带;松辽平原中北部为草甸黑钙土地带,并有暗色草甸土、苏打盐土等隐地带性土壤;辽河平原两侧为棕色森林土,并有隐地带性土壤草甸土和滨海氯化物盐土的分布;松辽平原西部为暗栗钙土及褐土地带;还有沙土的广泛分布。

二、产区发展现状

(一)葡萄种植

据不完全统计,2022年东北产区酿酒葡萄种植面积8.96万亩,其中:吉林省有8.25万亩,主要集中在通化的集安、柳河等地,主要品种为双红、北冰红、左优红、公酿一号、雪兰红等;辽宁省有0.56万亩,主要分布在桓仁县、本溪县和宽甸等地,主要品种有威代尔、法国蓝、梅鹿辄、双优、北冰红等早、中熟品种,其中威代尔面积占酿酒葡萄面积70%以上;黑龙江省有0.15万亩,主要分布在黑龙江省东部及东南部地区,主要品种有北冰红、左优红、双红和威代尔等品种。

东北产区酿酒葡萄种植面积的变化如图3-9所示。

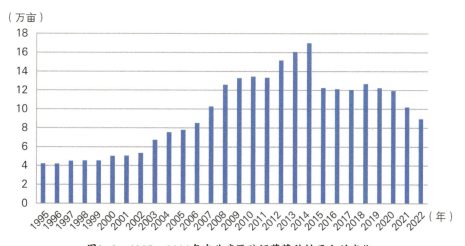

〔万亩〕

图3-9 1995—2022年东北产区酿酒葡萄种植面积的变化

（二）产业规模

据不完全统计，2022年东北产区有84家葡萄酒生产企业，分布在尖山、桦南、七台河、密山、林口、海林、东宁、依兰、昂昂溪、柳河、集安、通化、蛟河、桓仁、本溪、龙城、建平、辽中、阜新、金州、瓦房店等栽培区域（表3-4）。东北产区葡萄酒产品主要有甜型葡萄酒、干酒、冰酒、汽酒等，2022年产量7.67万吨，总体与2021年持平。

东北产区葡萄酒历年产量的变化如图3-10所示。

表3-4　东北产区代表性葡萄酒生产企业

产区	栽培区域	代表性酿酒企业
东北产区	尖山、桦南、七台河、密山、林口、海林、东宁、依兰、昂昂溪、柳河、集安、通化、蛟河、桓仁、本溪、龙城、建平、辽中、阜新、金州、瓦房店	辽宁五女山米兰酒业有限公司、辽宁张裕冰酒酒庄有限公司、辽宁天池葡萄酒有限公司、大连香洲庄园葡萄酒有限公司、大连金石葡萄酒庄有限公司、长白山酒业集团有限公司、通化葡萄酒股份有限公司、吉林华夏葡萄酒有限公司、柳河华龙葡萄酒业有限公司、雪兰山葡萄酒业有限公司、吉林斯普瑞葡萄酒有限公司、通化东特葡萄酒有限公司、通化紫隆山葡萄酒厂、通化华特葡萄酒公司、通化雪冰花葡萄酒业有限公司、鸭江谷酒庄、汇源龙韵酒庄、黑龙江青谷酒庄、宝石河酒业有限公司、黑龙江禄源酒业、黑龙江天隆酒庄、黑龙江金河酒庄、胜利葡萄酒厂、黑龙江省横道河子酿酒总厂、黑龙江小兴安岭山葡萄酒有限公司、黑龙江春城山葡萄酿酒有限公司、齐齐哈尔龙泉湖酒庄等

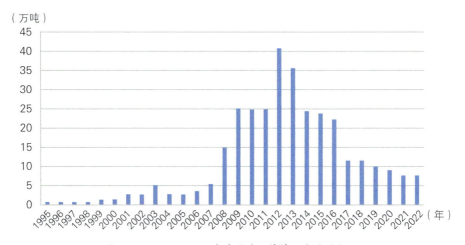

图3-10　1995—2022年东北产区葡萄酒产量的变化

吉林省产品类型主要有以双红、左优红、北冰红为主要原料酿造的甜红酒和汽酒，以北国红、雪兰红为原料酿造的干酒，以北冰红为原料酿造的冰酒。

黑龙江省产品类型主要是以山葡萄为原料制成的甜酒和半干酒，以及以威代尔为原料生产的冰葡萄酒。

辽宁省现有葡萄加工企业和小型酒堡30余家，主要产品为干红、干白、冰酒、甜酒等。

（三）产业政策

2019年由吉林省发展和改革委员会牵头，吉林省科学技术厅、吉林省工业和信息化厅、吉林省农业农村厅共同发布《吉林省鸭绿江河谷带葡萄酒产业发展规划》，吉林省农业农村厅2020年编制了《吉林省葡萄产业"十四五"发展规划》，进一步明确了葡萄产业在吉林省经济社会发展中的重点产业地位。

2012年，辽宁省人大常委会通过了《桓仁满族自治县冰葡萄酒管理条例》；2013年，本溪市桓仁满族自治县人大常委会通过了《〈桓仁满族自治县冰葡萄酒管理条例〉实施细则》；2014年，本溪市桓仁满族自治县政府发布了《桓仁满族自治县冰葡萄酒生产质量管理规定》和《桓仁满族自治县冰葡萄酒分级管理规定》，为桓仁冰酒产业建设提供了完善的制度保障。

黑龙江东宁市立足资源优势，大力调整农业产业结构，以建设优质葡萄生产基地、建造欧式古典精品酒庄和创建特色4A级旅游景区为目标，打造"世界冷凉气候葡萄酒中国最佳产区"，促进现代农业和美丽乡村建设，做强葡萄种植及酿酒、餐饮服务、葡萄酒文化展示、旅游观光"四位一体"的葡萄酒现代庄园经济。

三、产区优势

（一）山葡萄资源优势

山葡萄属于东亚种群，主要分布在辽宁、吉林、黑龙江三省的长白山山脉一带。山葡萄的抗寒性非常强，在冬季-45℃～-40℃的低温下也能安全过冬，在夏季36℃高温下也能正常生长。这是我国独特的山葡萄种质资源库，也是为我国寒冷地区开发酒种的丰富的葡萄原料资源保障。

（二）独特风味与品质

东北地区拥有四季分明、温差大、日照充足等气候条件，这对于葡萄生长非常有利。同时，该地区富含黑土等肥沃土壤，为葡萄提供了丰富的养分。这样良好的自然环境使得东北地区成为种植高质量葡萄并生产出优质红白葡萄酒的理想之地，东北葡萄酒具有独特的风味和品质。红葡萄酒通常带有浓郁的果香和丰富的单宁，口感饱满而柔和；白葡萄酒则清新爽口，芳香怡人。这些独特风味使得东北葡萄酒在国内外市场上备受青睐。

（三）市场前景乐观

葡萄酒也具有较好的保健功能。山葡萄的单宁、氨基酸、矿物质、白藜芦醇含量都高于欧亚种的葡萄，具有独特风味的东北山葡萄酒，深受南方消费者认可。

四、存在问题

（一）酿酒葡萄品种问题

山葡萄是我国独有的葡萄品种，具有抗寒、抗病特性，目前被广泛栽培于我国的东北等地区。但山葡萄酸高，一般适宜甜型酒，因此迫切需要继续选育适应寒冷地区的高糖低酸的山葡萄新品种。

（二）集群效应不显著

尽管东北葡萄酒企业众多，但是缺乏龙头企业，年销售额亿元以上企业屈指可数，难以形成产区集群效应。特别是一些中小企业还没有形成一定的市场优势，品牌竞争力也很弱，原料需求不稳且需求量也小。吉林柳河县、集安市和辽宁的桓仁县的部分地方政府把葡萄酒作为重要的支柱产业来抓，但更多的是扶持葡萄基地发展，没有从市场方面解决企业问题，产业集群迫切需要持续、高质量发展。

（三）科技水平需要提高

东北产区葡萄酒企业由于受到前些年部分企业产品质量问题被曝光的影

响,"产品质量差"的阴影还没有完全散去。实践证明,如果不加大科技投入,提高葡萄种植和葡萄酒酿造科技水平,实现葡萄及葡萄酒生产从数量型向科技型、质量型转变,产品只在低档次层面竞争,终将经不起市场风浪的冲击,而被市场无情地淘汰。

五、展望

（一）加强行业协调和服务

各产区成立葡萄酒产业发展服务中心或管委会,落实地方政府把葡萄酒作为重要的支柱产业来抓的政策,加强与农业、科技、质监、工商、税务、卫生、商务、食品、公安等多个部门的联系,组织、协调、管理葡萄产业与葡萄酒产业。

（二）加大葡萄酒全过程监管

制定产区葡萄酒产业发展办法和产区区域品牌管理办法,申请地理标志证明商标、集体商标和地理标志（规章）,健全地方知识产权保护法规。将从葡萄种苗培育、栽培、原料加工到酿造、流通各领域纳入监管,统一规划,有效指导,提供信息、技术服务,并实行产业行业协会自律,实现管理体制与市场经济相适应。

（三）加大宣传力度

通过对东北葡萄酒的调研发现,东北地区的山葡萄酒非常符合我国大多数消费者的口味偏甜的特点,因此具有很大的发展优势。可设计产区品牌标志,通过产品参展、专业参会、产区主会等方式,充分宣传东北地区葡萄酒产业的自然优势、政策优势、市场优势,并加大招商引资力度,大力开拓市场,提升东北葡萄酒区域品牌的市场竞争力。

第六节　河西走廊产区

　　甘肃酿酒葡萄栽培历史悠久,酿酒葡萄种植主要集中在河西走廊,已形成武威、张掖、嘉峪关、酒泉4个子产区。甘肃河西走廊葡萄酒产区属于温带大陆性干旱气候,多风少雨,云量稀少,光照资源丰富,有利于农作物的物质积累,拥有得天独厚的葡萄酒自然禀赋,竞争优势明显,是有机葡萄酒的优质产地。

一、自然特征

（一）地形地貌

　　河西走廊的三种地质特征决定了其土地资源可划分为三种地貌类型:①走廊南部的祁连山山地和阿尔金山山地,大部分海拔在3 000米以上。②中部为走廊的平原,东西各与河西走廊的东西界点相吻合,海拔在1 000~2 000米。③北部为北山山地和阿拉善高原,分布着长期遭受风蚀的低山和残丘。河西走廊的土地面积辽阔,可供开发种植的沙荒地和戈壁滩很多,为发展葡萄酒产业提供了充足的土地资源。

（二）气候条件

　　受季风气候、高原气候和沙漠气候影响,河西走廊属典型的干旱与极干旱地区,降水少(年降水量基本上在200毫米以下),日照长(年日照2 550~3 500 小时),生长季昼夜温差大(12.6℃~16.5℃),年活动积温(≥10℃)在2 200℃~3 550℃。无污染的祁连山雪水和地下井水灌溉进一步保证了葡萄品质,为生产高端有机葡萄酒创造了条件。

（三）土壤条件

　　河西走廊土壤结构为砂质土,土层深厚。区域内土壤多为灰钙土、荒漠土、灰棕土和棕漠土,矿质元素(包括微量元素)非常丰富,且土壤结构疏松,空隙度大,通透性好,导热性较好,有利于葡萄根系生长与浆果的着色和成熟,非常适于优质葡萄的栽培,但是土壤有机质含量低。

二、产区发展现状

（一）葡萄种植

河西走廊产区主要分布在武威、张掖、酒泉、嘉峪关、敦煌等子产区。主栽品种为赤霞珠、美乐、黑比诺、品丽珠、蛇龙珠等红色品种以及霞多丽、贵人香、雷司令、赛美容、琼瑶浆、威代尔等白色品种。

（二）产业规模

目前河西走廊有莫高、紫轩、甘肃威龙、祁连、国风、皇台等19家葡萄酒生产企业（表3-5），葡萄酒产能突破14万吨，其中莫高、威龙、紫轩、祁连、国风等已经成为全国知名的葡萄酒品牌。2017年，河西走廊产区葡萄酒产量3.5万吨，年销售额超10亿元，葡萄酒全产业链产值超50亿元。新冠疫情期间，甘肃河西走廊葡萄酒产业受到很大影响，葡萄酒产量锐减。2022年，酿酒葡萄栽培面积降至16万亩，葡萄酒产量2.46万吨，年销售额不足3亿元，葡萄酒产业亟待复兴。

表3-5　甘肃河西走廊产区代表性葡萄酒生产企业

子产区	地理位置	代表企业
武威产区	河西走廊东部	甘肃莫高实业发展股份有限公司葡萄酒公司、甘肃皇台酒业股份有限公司、甘肃苏武庄园葡萄酒业有限公司、甘肃威龙有机葡萄酒有限公司、甘肃腾霖紫玉葡萄酒业有限公司、甘肃紫轩酒业有限公司
张掖产区	河西走廊中部	甘肃九粮国风葡萄酒业有限公司、甘肃祁连葡萄酒业有限责任公司
嘉峪关产区	河西走廊西部	甘肃紫轩酒业有限公司
酒泉产区	河西走廊西部	敦煌市葡萄酒业有限责任公司

（三）产业政策

随着《甘肃省葡萄酒产业发展规划（2010—2020年）》的出台，甘肃省葡萄酒产业发展小组成立，并组建有省葡萄酒行业协会、技术研发中心、质量监督检验中心，为葡萄酒产业发展提供了规划、政策、技术、服务和人才等方面的支持。同时，还成立了甘肃省酿酒葡萄标准化技术委员会，并审定通过了《河西走廊酿酒葡萄栽培技术规程》《河西走廊酿酒葡萄》《河西走廊葡萄酒》三个地方标准，进一步规范和完善了酿酒葡萄的种植、采收、品种和质量等。2019年，甘肃省商务厅发布《培育百亿陇酒产业促销提升行动方案》，进一步促进了葡萄酒消费文化的培育与推广。武威市先后出台了《关于加快酿酒葡萄产业发展的意见》《关于加快沙产业发展的意见》《武威市葡萄酒产业发展规划（2011—2015年）》《武威市100万亩特色林果基地建设规划（2012—2015年）》等政策措施，把葡萄产业作为调整农业结构的特色林果业来大力扶持。2021年，国家发展和改革委员会公布的《西部地区鼓励类产业目录（2020年本）》，将"优质酿酒葡萄种植与酿造"列为甘肃鼓励产业目录。2022年，甘肃省商务厅印发《2022年度甘肃省葡萄酒产业发展专项资金实施方案》，对河西走廊葡萄酒发展给予全方位的大力支持。

三、产区优势

（一）历史文化底蕴深厚

甘肃河西走廊是我国最早种植葡萄的地区之一。早在2000多年前的汉代就种植、加工葡萄。汉武帝元狩四年（前119年），张骞出使西域，带回欧亚种葡萄，并引入葡萄酒酿造技术，从此凉州（今武威）就有了酿酒葡萄种植和葡萄酒。历史上也多有河西地区葡萄与葡萄酒的记载。唐朝诗人王翰的"葡萄美酒夜光杯，欲饮琵琶马上催"，北宋诗人苏轼的"引南海之玻璃，酌凉州之葡萄"，都是对河西走廊葡萄酒的赞誉。源远流长的葡萄酒历史与深厚的文化底蕴，为河西走廊葡萄酒产业赋予了独特优势。

（二）葡萄酒产业西移的机遇

随着我国葡萄酒消费逐年增长，葡萄酒企业对高质量原料的需求日益增长，但酿酒葡萄原料产地及其种植面积却是有限的，如包括山东在内的环渤海产区可供开垦的葡萄园用地已趋于饱和。随着企业对种植基地建设越来越重视，以及东部相关产业不断向西转移，酿酒葡萄种植区域西移的趋势越来越明显。近年来，张裕、王朝、威龙等葡萄酒企业的种植基地纷纷向新疆、甘肃河西走廊、宁夏贺兰山东麓等干旱半干旱区域转移，西部葡萄酒产区已成为国内最主要的葡萄酒原料供应基地，河西走廊发展酿酒葡萄产业的机遇已来临。

（三）经济效益与生态效益的驱动

葡萄酒产业是河西走廊的富民产业，其经济效益和生态效益十分明显。在河西走廊，从生态效益看，种植葡萄比种植其他农作物更加节水，酿酒葡萄作为连片种植的多年生经济林，最适合滴灌技术的大面积推广。如果采用沟灌加滴灌的方式，比大田漫灌可节水50%以上。同时，发展葡萄产业也是一项生态治理工程，葡萄成林后，将对本地区气候环境的扭转产生巨大影响，不仅可增加森林覆盖率，还利于防风固沙，预防沙尘暴。

四、存在问题

（一）产区发展进入瓶颈期

随着我国经济的发展，劳动力成本不断提高，河西走廊葡萄酒产品的成本不断增加。新冠疫情之后，葡萄酒行业消费低迷，河西走廊葡萄酒生产量直线下滑至2.5万吨左右。葡萄酒企业生产动力不足，酿酒葡萄收购价格低迷，种植户失去了生产的积极性，产区酿酒葡萄栽培面积大幅减少，产区发展进入瓶颈期。

（二）龙头企业带动能力弱，生产成本较高

河西走廊酿酒葡萄要实现规模化、集约化种植，需要龙头企业带动，但产区成规模的葡萄酒生产企业较少，现有的莫高实业、紫轩酒业、祁连酒业、威龙等企业，由于发展时间短，处在自我积累阶段，没有形成较大生产规模，生产成本相对较高，效益低，对农户种植积极性的带动作用有限。此外，当前葡萄酒行业消费低迷，融资渠道不畅，产业效益不稳定，产区葡萄酒产业的利益链不完善，企业、基地、农户的利益链比较松散，不利于农民增收和葡萄酒产业的长远发展。

（三）产业技术与人才支撑仍然不足

河西走廊产区经过多年发展，已经积累了适应本产区的一些葡萄栽培与酿造技术经验，但是相关技术的总结、应用集成还不够，制约了产业规模化、集约化发展。一些产业技术难题，仍需要攻关解决，比如：冬季葡萄埋土防寒的效能与成本技术问题；酿酒葡萄品种搭配与配套栽培技术集成推广；葡萄园机械化智能化等技术应用。产业发展需要人才，河西走廊产区葡萄酒产业相关人才的支持力度还不够，导致企业、产业管理部门留不住专业人才，产区葡萄酒的市场推广人才也缺乏，难以支撑河西走廊产区的可持续高质量发展。

五、展望

甘肃河西走廊是我国西部重要的葡萄酒产区，在当前我国葡萄酒市场竞争严峻的形势下，需要认真思考产业的可持续高质量发展模式。目前，甘肃在机构设置、人员配备、资金计划和投入等方面已远远不能满足河西走廊葡萄酒产区发展的需要，有必要设立甘肃河西走廊葡萄酒产业的管理机构，提升服务协调能力。在机构设置上可借鉴宁夏等其他地区的成熟经验，成立高级别常设机构，统筹规划管理协调河西走廊产区葡萄酒产业，引进专业管理人员，加强人才培养，统筹推进，宣传推广甘肃河西走廊葡萄酒文化，支持打造河西走廊产区葡萄酒产业，使其成为甘肃经济支柱产业。

第七节　其他产区

我国酿酒葡萄的分布极其广泛，除上述新疆、宁夏贺兰山东麓、京津冀、山东和东北五大产区外（2022年，它们的葡萄酒产量占全国总产量的77%以上），还有黄河故道、西南高山、黄土高原、内蒙古和分布在南方有关省区（主要为湖南、广西和江西）以耐高温、高湿的刺葡萄和毛葡萄为原料酿酒的特殊产区等6个规模较小的产区。这些产区葡萄酒产业的基本情况如表3-6所示。

表3-6　其他产区葡萄酒产业基本情况 *

产区名称	分布范围	酿酒葡萄面积（万亩）	葡萄酒产量（万吨）	代表性企业
黄河故道产区	豫东、皖北以及苏北地区	4.07	4.02	天明民权葡萄酒有限公司、兰考县路易葡萄酿酒有限公司、江苏红日酒业有限公司、安徽双喜葡萄酒酿造总厂
西南高山产区	川、滇、藏交界的横断山脉地区	19.31（部分用于鲜食）	3.00	香格里拉酒业股份有限公司、德钦县梅里酒业有限公司、酩悦轩尼诗香格里拉（德钦）酒业有限公司、云南藏地天香酒业有限公司、云南红酒业集团有限公司、云南太阳魂酒业有限公司、九寨沟天然葡萄酒业有限公司、四川红星领地酒庄有限公司、甘孜州康定红葡萄酒业有限公司、攀枝花攀西阳光酒业有限公司、西藏芒康县藏东珍宝酒业有限公司、芒康县藏香葡萄酒业有限责任公司、西藏福之源酒业有限公司
黄土高原产区	陕西省和山西省境内种植酿酒葡萄的区域	7.05	1.47	怡园酒庄、戎子酒庄、格瑞特酒庄、杨陵盛唐酒庄、西安玉川酒庄、张裕瑞纳城堡、陕西丹凤葡萄酒有限公司
内蒙古产区	赤峰市、呼和浩特市托克托县和乌海市	3.00	0.80	汉森、阳光田宇、吉奥尼、西口风、云飞、沙恩等酒庄
特殊产区	湖南省、湖北省、江西省、广西壮族自治区	4.22（部分用于鲜食）	1.31	湖南澧县神州庄园葡萄酒业有限公司、湖南华瑞易养生态农业科技有限公司、湖南华淳庄园果汁酒业有限公司、广西都安密洛陀野生葡萄酒有限公司、广西中天领御酒业有限公司

* 2022年统计数据。

第四章

中国葡萄酒产销渠道
发展现状

2023年是中国葡萄酒产业具有里程碑意义的一年，从产业自觉、产区自觉、企业自觉、销售端自觉，到消费者自觉，经历了一个看似无序却非常符合逻辑的产业链嬗变。经过新冠疫情三年、需求低迷和市场疲软的洗礼，2023年顺理成章成为起势的序章，中国葡萄酒产销链接进入一个新的时代，这意味着中国葡萄酒产业也将进入新一轮的增长轨道。

第一节　产销体系建设

一、产区营销起势：从"请进来"到"走出去"

中国葡萄酒产业处于深度调整期，以宁夏、新疆、甘肃等为代表的产区，开展了持续热烈的从"请进来"到"走出去"的内外营销行动。产业起势开局良好。

（一）进军国际市场

常驻英国的中国葡萄酒专家、《中国葡萄酒的复兴》（*The Chinese Wine Renaissance*）作者Janet Z. Wang表示，中国葡萄酒生产商在重新评估国际葡萄酒市场及其海外市场前景。她举例说，中国葡萄酒参加了2023年3月和5月在欧洲举办的行业展会德国国际酒类展览会（ProWein）和伦敦葡萄酒博览会（London Wine Fair）。2023年，中国葡萄酒又重返杜塞尔多夫，13家酒庄举办了4场大师班，展示了来自中国7个葡萄酒产区的100多款葡萄酒。Sarah Abbott表示，中国葡萄酒正在摆脱以橡木桶陈酿为主导的波尔多混酿风格，转而倾向于以风土为主导、彰显品种表现力的风格。"中国葡萄酒行业取得的进步令人印象深刻，其中，一些葡萄酒表现出了出色的优雅和个性。"常驻北京的葡萄酒作家Jim Boyce表示，中国致力于保护和推广贺兰山东麓葡萄酒国家地理标志产品保护示范区，这将提高该产区的国际地位，有助于在国内外推广中国葡萄酒。来自贺兰山东麓的长和翡翠酒庄是第一次独立参展。该酒庄的首个葡萄酒年份是2017年，每年生产50万瓶葡萄酒，他们计划在英国市场销售其中的1/3。酒庄合伙人Lily Zhang还参加了2023年的伦敦和曼彻斯特专业进口商贸易品酒会，她计划在2024年重返伦敦葡萄酒博览会和德国国际酒类展览会，以巩固她的品牌在欧洲的影响力。

Janet Z. Wang在伦敦葡萄酒博览会上接受采访时说："英国一直被视为国际葡萄酒市场的晴雨表。一些中国酒庄正在认真考虑出口，他们将进军国际市场视为一个真正的挑战和命题。在2024年及以后，我们应该会看到长和翡翠，可能还有其他的一些酒庄，成为真正的出口商。"

（二）国际营销，产区在行动

2023年3月，甘肃省商务厅、省酒业协会、省葡萄酒产业协会组织河西走廊葡萄酒骨干企业赴日本东京参加展览会，其间举办了出口新品发布推介会，与日本东和商事株式会社签订了战略合作框架协议，签约金额为2160万元。

"以酒为媒——宁夏葡萄酒文化旅游分享会"是宁夏将文化和旅游推广与葡萄酒品鉴有机结合的全新模式。从2023年6月开始，先后在澳大利亚、新加坡、西班牙、美国举行分享路演，以酒为媒，推介宁夏文化、旅游，传播中国声音。

2023年12月11日至20日，烟台葡萄酒产业链组团赴欧，掀起"紫色旋风"，9天3国8城市，涉及21个主产区和消费市场，密集开展各项公务活动32场次：先后组织举办了烟台葡萄酒在法国巴黎、波尔多，西班牙马德里重大推介活动，推介烟台城市形象和展示葡萄酒产业态势，释放了烟台产区坚持品质、打造品牌，谋求合作的积极信号。

新疆产区除了举办每年一度的葡萄酒文化旅游节，各子产区也分别开展了以葡萄酒为主题的文化旅游、"一带一路"葡萄酒大赛。此外，还先后组织在香港、澳门等地的酒展路演，同样引起了社会的广泛关注。

二、酒庄：面向全国，走向国际

走出区域市场，面向全国，走向国际，是越来越多的中国酒庄的共同信念。

（一）乡都，从新疆出发

乡都作为新疆第一批建设的酒庄，经过25年的经营，在新疆各地州市场基本完成布局。

2023年，乡都招兵买马，从多家知名企业引进职业经理人，他们以半创业的方式加入乡都，为酒庄"走出"新疆进行顶层设计。

在产品矩阵上，乡都在大单品安东尼、金贝纳的基础上，针对中高端客户、企业家、年轻时尚人群推出三个系列产品，终端零售价大多在100元到600元之间，以满足不同市场用户的需求。

在市场规划上，首先在基础较好的福建、浙江、广东、四川等十省布局，并派出团队拓展销售渠道，帮助现有经销商提升渠道销售占比、定制联名产品占比、中高端产品占比，逐渐从过去以团购为主，转向"全渠道"均衡发展。

在品牌打造上，乡都以创始人李瑞琴为核心打造"李奶奶"IP，全网拥有60多万粉丝，成为哈佛商学院、中欧商学院案例。下一步规划是建立京东、天猫旗舰店，加强线上品牌展示和销售。

2023年底，新疆乡都酒业的第八届"戈壁新酒节"的启动，以成都为中心，进一步深耕西南市场，在更大的空间培育市场、赢得市场，提高品牌占有率。作为产区代表企业，乡都酒庄通过"戈壁新酒节"活动释放出了将产品从新疆本土推向全国市场的信号。

（二）西鸽，探索中国葡萄酒国际化新路径

在全国市场拓展上，宁夏西鸽酒庄堪为典范。截至2023年底，西鸽酒庄实现销售收入超3亿元，同比增长30%。在渠道和市场层面，西鸽加速拓展华东、华南等葡萄酒重要消费市场，并以"藤上藤"产品为旗舰产品拓展高端市场。2023年，西鸽酒庄在全国增加经销商100余家，市场辐射面积进一步扩大。

2023年，西鸽酒庄在渠道拓展方面更加多元化，进一步完善了线上线下渠

道布局，线下依托"4S店+传统渠道"双轮联动模式，共建设了6家高标准4S店，设2个销售分公司、7个大区办事处，同时，还拥有京东、天猫等自营平台产品，并已入驻盒马鲜生、大润发、沃尔玛、麦德龙等国内外大型连锁商超，与EMW（由西往东美酒公司）达成合作，以更加便捷的方式进入更多的内地酒店、餐饮渠道。

除此之外，西鸽继续在国际市场高歌猛进，在欧洲、澳洲等传统葡萄酒强国打开市场，为中国葡萄酒国际化探索出新路径。

（三）丝路酒庄，国内国际双循环

来自新疆伊犁河谷产区的丝路酒庄一直致力于国内市场的开发，推广活动从未间断。

2023年，从成都全国春季糖酒会开始，立足于面向酒商和消费者的推广行动，11月在上海与葡萄酒侍酒师合作，参加ProWine China上海展会，连续举办了四场高规格的庄主品鉴活动。5月、6月、10月在北京举办了三场大师班和庄主晚宴。在成都、桂林、南宁、深圳、西安、郑州、烟台等不同的区域举办不同的品鉴会，全年共举办了20多场。

2023年下半年，为了迎接即将到来的酒庄运营时代，丝路酒庄将目光转向东南亚市场。12月在新加坡举行的品鉴推广会上，丝路收获干红、干白获得巨大成功，丝路小味儿多、收获干白被卖空，丝路酒庄还与米其林三星餐厅、黑珍珠餐厅达成了销售协议。

庄主李勇透露，2023年1—9月，丝路的业绩保持稳中有进，在浙江、福建等市场有不错的销售成绩，中秋节的销售额同比增长了30%。在产品构架上，收获系列、丝路酒庄珍藏系列以酒庄酒的方式直接触达中高端渠道，稳固了品牌形象；2023年推出的极具酒庄标识的丝路鸟巢系列、丝路珍藏赤霞珠2020、丝路收获干红2020，在上市短短几个月内便获得了10余枚奖牌。

三、销售端链接生产端：从被动到主动

2023年出现了销售端主动链接国产葡萄酒的新趋势。之前，国产葡萄酒普

遍存在着卖方着急，而买方却不急不躁的现象。传统的经销代理销售模式日渐式微，反映了销售商对国产葡萄酒的信心不足。随着"国潮"兴起，产业营销起势，以中国文化为内核的中国葡萄酒文明正在复兴，成为销售端主动链接国产葡萄酒的动因。

（一）"1919"走入产区，深度开展酒旅融合新模式

2023年3月，"1919"国旅公司与宁夏农垦酒业公司签订战略合作协议，共同在宁夏农垦玉泉国际酒庄打造原产地酒旅体验中心，深度开展"酒旅融合"；并且将在银川市开设宁夏农垦酒业旗舰店，共同打造"宁垦酒业+1919"联营中心，实现线上线下全渠道销售，农垦酒业的产品也将入驻宁夏市场连锁门店销售。

"1919"酒类直供官网显示，"1919"不但与农垦酒业出品联名款产品作为直供系统中的自营产品，而且其主打品牌美国赛鹰的其中5款酒是落地农垦酒业生产的。"1919"酒类直供CEO杨陵江曾表示，"1919"在世界各地并购吸纳了不少葡萄酒品牌和酒庄，未来这些品牌也将在中国各产区生产灌装，其原因一是看好中国葡萄酒的未来空间，二是看好"从原产地直达C端"的"酒旅融合"新模式，三是可以大大降低成本。

2023年，新疆天山北麓葡萄酒核心产区玛纳斯体验中心开业，宣告"1919"国旅"酒旅融合"项目再下一城。

从"塞上江南"的宁夏贺兰山东麓葡萄酒产区，到"大美新疆"的天山北麓葡萄酒核心产区玛纳斯，"1919"国旅对葡萄酒产品原产地的选择显然有着深度考量。布局"酒旅融合"，"1919"集团的野心远不止如此。

（二）名品世家，联名打造高价值中国酒庄

除了1919酒类直供外，另一个酒类连锁平台名品世家，也在2023年开启了国产葡萄酒资源的链接。

2023年8月26日，以"顶峰聚力 共赢未来"为主题的中菲酒庄·名品世家战略合作发布会在新疆中菲酒庄举行，名品世家董事长陈明辉先生被中菲酒庄聘为酒庄联席董事长。

双方将在渠道共享、资源互通、产品规划与创新、新零售布局、品牌营销等重大战略层面展开深度合作。陈明辉表示，与中菲酒庄战略合作，名品世家将结合自身的品牌优势、渠道优势、流量优势，在标准化运营、数字化、资本化等方面赋能双方的未来合作。双方将共同打造特色产品，发挥双方品牌优势；将自身现有资源应用于双品牌店，共同经营店铺；充分发挥双方流量优势，赋予双品牌店更多能量；通过双品牌店共同提升双方的管理水平，将中菲酒庄打造为高价值酒庄。

（三）"深葡协"，让情怀转化为有价值的商业行动

深圳市葡萄酒协会（以下简称深葡协）与著名影星周星驰，在贺兰山东麓红寺堡产区联名打造食神Q唛葡萄酒。本着赋能乡村振兴、产业助农，支持红寺堡产区葡萄酒产业发展的宗旨，依托大湾区丰富的市场资源和多年进口葡萄酒的销售经验，协会成员在红寺堡亲选并承包葡萄园5000亩，委托种植管理、加工，共同开发了"食神"周星驰亲自设计签名系列葡萄酒，帮助当地 200 多户农民实现增收。

食神Q唛葡萄酒于2023年3月上市，通过抖音短视频、直播带货、线下分销、经销商认购等形式销售，首单的20万瓶在短时间内售罄，在深圳市场掀起了不小的波澜。2023年同步上市的另一款葡萄酒是与澳洲第一酿酒大师Shane Harris（肖恩）联合打造的一号乐章。

深葡协未来经营模式是在宁夏贺兰山东麓产区建造一个四合院度假"酒庄"，邀请在深圳、北京、上海、成都等发达城市有资源的企业家作为酒庄合伙人，以快速打开高端消费市场。

此外，深葡协在2023年还多次组织协会成员前往宁夏、新疆、甘肃等产区考察，对接资源，协助产区建立大湾区葡萄酒体验中心，组织产区百城巡展，积极有效地链接上下游资源。为葡萄酒行业商协会如何发挥作用、打通产销渠道、引导消费、创新销售起到了示范效应。

四、市场培育：从教育到体验

葡萄酒本身给消费者带来的就是身心愉悦、精神享受，当前，生活节奏加快、压力增大，特别是年轻一代消费者，本身就面临着职场、生活的巨大压力，他们在工作之余，能通过享用葡萄酒，放松紧张的神经，缓解各种压力。所以，葡萄酒的市场推广，从培训转变为培育，从教育转变为体验，符合当代消费者的需求。

（一）天塞，酒旅融合体验式营销

2023年，天塞酒庄在跨界破圈、沉浸式体验、内容电商、"BC"一体化等方面领跑行业。

跨界营销"破圈"。2023年，天塞酒庄以"名企进名庄，千企游天塞"为主题，大力拓展圈层营销。全球知名酒杯品牌RIEDEL、知名进口酒商骏德集团、宝酝集团、中国石油化工、华晨宝马等名企纷纷进驻酒庄，中国中小企业国际合作协会、对外经济贸易大学师生考察团也走进天塞。通过"破圈"，天塞酒庄知名度美誉度快速提升。

酒旅融合沉浸式体验。游客来到天塞酒庄，会发现这里有一家相机博物馆，里面收藏了德国、瑞典、瑞士等国生产的胶片相机及镜头，有相机600余架，镜头及配件900余件，让摄影爱好者流连忘返。与此同时，天塞酒庄每年都会在焉耆县举办采收音乐节，天塞酒庄已然成为旅游打卡地，综艺节目《极限挑战》和电影《情满天山》都曾在酒庄实地取景拍摄。

发力内容电商。2023年，抖音号"少庄主今天醒酒"成长快速，账号创始人——有点好喝创始人、CEO朱莉莉也收获200多万粉丝，年带货收入突破千万元。多位业内人士表示，"少庄主今天醒酒"自媒体号通过融媒体平台，用年轻时尚的方式对天塞品牌进行传播，成为国产葡萄酒品销合一的典范，这在国产葡萄酒行业中并不多见。

"BC"一体化。2020年，天塞酒庄推出了战略大单品T、S系列，开启"大单品、大品牌、强渠道"营销转型。从圈层走向渠道，天塞酒庄重视"BC"一体化。通过"一地一商"为经销商赋能，经销商和天塞合作，单店销售从20万元提升到50万元甚至更多，越来越多的酒商成为天塞合作伙伴。

（二）中国葡萄酒馆，营造葡萄酒社交化场景

2023年10月9日，中国葡萄酒馆深圳旗舰店开门迎客，中华传统的舞狮庆典，让来客深深感受到了中国葡萄酒的中国文化表达。馆内设计结构充分考虑到了葡萄酒的社交属性，展示区的西式活动布局，既可容纳四五十人举行活动和就餐，也适宜开展葡萄酒的品鉴；文化区域、雪茄茶室、宴席包房、轻松娱乐间、会议会客间，为深圳酒圈、跨界社交活动打造了一个以葡萄酒为主题的体验平台。

中国葡萄酒馆是中国优质葡萄酒在城市的集散中心，承担着当地市场展览销售、市场营销、品鉴体验、文化传播和酒旅融合的功能，是酒庄在城市的分销中心、运营中心，它不是专卖店，更不是私人会所，而是一个社交平台。运营总经理李宇琪在打造旗舰店时就特别强调，弱化葡萄酒的商品属性，充分挖掘它的社交属性，让它成为人们交流、谈生意的催化剂。

开业以来，有车友会、保险金融行业、房地产圈、酒圈、闺蜜圈、高尔夫球会等各界各类社交活动轮番上演，来自不同行业的朋友们在轻松愉悦的交流、品鉴中，领略了中国葡萄酒的魅力。

第二节　区域市场发展特点

目前，可用业内的一句话来概括中国葡萄酒产业的特点：东部品牌西部酒、东部市场西部酒。也就是说，中国葡萄酒主要来自西部干旱半干旱地区，而一线品牌和一线市场却主要集中在东部地区。本节以上海、深圳、成都和杭州等代表性区域市场为例，分析中国葡萄酒区域市场发展的特点。

一、上海：渠道加速转型，消费以"宠"为美

上海作为中国最成熟也是最前沿的葡萄酒特大市场，在2023年经历了葡萄酒消费降级，进口和国产葡萄酒销售量双双下滑，价格下跌。

据上海销售商粗略估计，张裕在上海市场2023年完成1亿元销售额，其中解百纳事业部占总业绩的60%，可雅白兰地完成约20%。相比于2018年，整体指标下滑严重，经销商热情越来越低，上海许多经销商或减少投入或中断合作。与2010年前后张裕在上海市场8个亿的火爆市场相比，2023年的状况显得有些苍白无力。酒商分析说，这是进口酒、白酒的冲击，以及宏观经济、消费降级等多方面因素影响造成的。

（一）传统渠道商超面临挑战

调查显示，国产葡萄酒受影响较大的是超市渠道。近年来，上海传统超市受到新零售山姆、开市客（Costco）这类进口超市（主要售卖廉价进口零食、饮料、生活用品的店）的影响，人流量递减，客单减少甚至面临倒闭。而以山姆会员店为代表的进口卖场及社区进口产品小超市已经做到进口葡萄酒平价化，很多葡萄酒价格均在百元以内。

低廉的价格、成熟的产区口碑、合乎当下消费者需求的审美设计，没有太大试错成本，没有太多消费负担，使得上海消费者对平价进口葡萄酒情有独钟。

（二）国产葡萄酒的市场适应性是短板

随着生活水平提升，市场对葡萄酒的需求成为一种刚需，例如礼品、婚宴市场等。但因国产酒的价格居高不下，包装老旧，也没有一个合理的故事调动消费者情绪，所以，在婚宴、礼品市场上诸多国产酒纷纷失机、失利。

上海是一个葡萄酒文化与消费非常成熟的市场，中高档餐厅均有葡萄酒的一席之地，葡萄酒吧、餐吧近几年在上海扎堆开业，客均消费达到500元的较为常见。然而这些酒吧、酒店，在选择国产葡萄酒的时候均会有所犹豫：①酒吧、酒店进货量小且频率高，需要酒水经销商作为中间商协调品牌方和C端。②产品利润空间有限，相比于高达几倍利润率的进口酒，国产酒成本高收益

低。③价格体系混乱,酒吧、酒店引进的产品有两种——顶级葡萄酒和价格不透明的产品,而国产酒大多数产品介于两者之间。价格透明的产品,难免有人扫码查询,价格高了不是,低了也不是。④营销乏善可陈。酒吧渠道的葡萄酒选品有针对性,国家、产区、工艺、酒标、瓶型、价格等均有讲究。目前上海消费者已经开始尝试探索各种风味的葡萄酒,这是一个很不错的信号。对于国产葡萄酒而言,如果想尝试这个渠道,也应该有针对性地开发产品,要让酒吧老板在推荐这瓶酒的时候有话可说,而非大谈情怀。近年张裕龙谕在广告营销方面投入较大,整体反馈不错,消费者对龙谕品牌的认可度比较高,其才能够在上海的一些酒吧、米其林、黑珍珠餐厅有一席之地。

(三)经销商转型,碎片化是主流

由于市场相对成熟,商业模式多样化,高度碎片化的市场,让上海很难再出现大经销商。

快进快出的销售模式符合上海的生活节奏,愿意压货的经销商越来越少,愿意投资的经销商越来越少。时效性和眼前利益才是决定因素。

圈层营销应运而生,圈层有私密性和门槛性,这也导致很难通过私域流量实现大规模的消费者培养,但同样,通过圈层营销所培养出来的消费者,在品牌黏性上远胜于普通消费者。

上海一位酒水职业经理人说,在"国潮"一波又一波袭来的当下,中国葡萄酒行业应该如何接住这"泼天的富贵"?当下流行的词叫"宠",以真心换真心,消费者喜欢什么就创造什么,这才是供需。

二、深圳:市场"风向标"和"桥头堡"

作为改革开放的前沿,又是中国对外开放的窗口,深圳独具开放包容的城市特质也由此造就了深圳消费者追求品质,开放、包容的消费心态,所以各大品牌起势、酒种流行皆始于深圳市场。

催生深圳独一无二的酒类市场的因素主要有三个:发达的经济,巨大的人口基数和繁荣的商业、餐饮业。如此繁荣的经济,催生了全国领先的酒类消费市场。

深圳市酒类行业协会统计数据显示：2021年深圳酒市体量为350亿元左右（按市场价计算）。白酒、啤酒、洋酒、葡萄酒四大板块，除了葡萄酒外，其他酒类均有所增长。

（一）市场规模

深圳有葡萄酒进口商约3800家，居全国城市首位，进口金额全国城市排名第一，进口量排名第二。深圳酒市酒类销售主要是烟酒店渠道，占比超七成，是最主要的终端渠道。酒店渠道占比5%~20%，商超渠道占比5%~15%，团购渠道占比5%~20%。

（二）深圳葡萄酒市场特点

1. 进口葡萄酒依然占优势

广州龙程酒业市场部总监徐欣诤等葡萄酒商估计，在渠道内进口酒与国产酒的比例约为8∶2，像广州、深圳这样的一线城市国际化品牌集中度更高，下沉市场还处于一线市场5年前的状态，一般通过"国家+品种"来辨认进口葡萄酒，此外国产葡萄酒的占比也相对高些。

2020年以来，以怡园、珑岱、敖云为代表的国产精品酒品牌开始发力，特别是天塞、西鸽等品牌中间价位段的精品酒实现市场拓展，市场占比有明显的提升。

2. 百元级产品是主流，市场两极分化严重

目前深圳酒商主推的还是200~300元/瓶的葡萄酒，因为这个价位大家都能接受，而且在这个价格段，正规酒商对品质的把控还是不错的。商场里销量比较大的则是100元/瓶左右的。对葡萄酒了解较多且看重性价比的消费者，一般会去买60~100元/瓶价格区间的产品。

疫情防控期间，百元以下的葡萄酒销量下滑了30%，100~300元/瓶价位的葡萄酒销量轻微下滑，而千元价位的葡萄酒"有价有市"，高端消费人群受影响不大。市场的两极分化严重，一方面由于消费降级，性价比高的入门级酒款需求量大，另一方面高分酒、高价值酒款也很受欢迎。

3.葡萄酒销售商面临"困局"

2019年之后,酒商面临消费降级、其他品类的冲击以及进口酒成本增加、利润空间降低等压力,销售意愿降低。进口商不愿意加大投入去打造品牌;批发商不再专做葡萄酒,靠经营其他品类存活;零售终端要么关门,要么陈列的都是白酒,葡萄酒的风光不再。但在这样的市场环境下,像张裕这样为数不多的品牌还在坚持做大流通市场的推广,不仅限于团购渠道,在一定程度上提振了行业士气。

三、成都:增量空间巨大

成都是四川最大的葡萄酒市场,有着不错的消费氛围,四川75%左右的葡萄酒消费都在这里完成。据统计,四川葡萄酒零售额约20亿元,其中成都市场约15亿元;川内进口酒的份额约为13亿元,国产酒约有7亿元。但是,成都葡萄酒的总共市场容量不到白酒的1/40,增量空间巨大。

葡萄酒在成都市场主要集中在两个核心价位段上:一个是100多元/瓶的大众价位,另外一个则是300~500元/瓶的中高价位。这两个价格带占了四川总消费价值的近70%。

(一)安逸的葡萄酒文化氛围

成都作为四川的省会城市,拥有得天独厚的地理条件,加上每年一次的春季糖酒会,使成都进一步成为全国葡萄酒发展最迅速的城市之一,同时也成了国内外葡萄酒企业在西南地区争夺的核心市场。成都的休闲文化、高度发达的餐饮文化,使得成都消费者对酒类产品和酒文化有着极高的接受度,这也为葡萄酒进四川打开了一扇大门。

据成都市葡萄酒协会对100家大中型连锁中餐馆和火锅店的调查数据,94%的中餐馆和66%的火锅店配有标准葡萄酒杯、醒酒器。此外,成都专业的葡萄酒酒窖越来越多,目前在三环路内有将近30家。

(二)分部市场格局

成都是中国新一线城市,在西部地区葡萄酒市场相对成熟,但是与一线城市北上广深相比，无论是规模还是消费量以及氛围上，都略逊一筹，很多葡萄酒品牌仅仅把成都作为分部市场经营，几乎没有大的品牌在这里设立总部。随着成都市场地位不断提高，消费也在连年增长，但其分部市场的地位一直没变。

另外一个现象就是，近十年来，成都没有专业的葡萄酒销售大商，葡萄酒销售商一直都是碎片化的存在。据常春藤葡萄酒市场研究中心调研数据，成都销售商的头部企业年销售额不足1亿元，其他前十名葡萄酒销售额均不超过3 000万元。

（三）主流价位从100元以上/瓶降为100元以内/瓶

常春藤城市酒窖成立于2019年，是专门从事商圈公司商务消费的葡萄酒销售公司，其销售数据显示，80%的客户只在零售价8折以下时购买，团购成件订单价格更低，并且还要附赠酒杯、开瓶器及其他酒。

在红白搭配的餐桌上，葡萄酒的价格远远低于白酒。

（四）时尚到"醉"

近三年，成都葡萄酒风尚紧跟上海、深圳，涌现出了众多的葡萄酒主题餐饮店，主打特色、个性、性价比、时尚、自由。行业新媒体乐酒客报道，2022年最新搜罗成都15家葡萄酒餐饮Wine Bar指南显示，餐吧客单价大多数非常亲民，神秘料理成为这些葡萄酒主题餐吧的获客法宝。

（五）对国产葡萄酒的认知度提高

成都消费者对中国葡萄酒的认知高于其他城市。每年的春季糖酒会，给成都人提供了大量的国产葡萄酒信息，密集的葡萄酒品牌活动，也让成都人比其他城市甚至世界任何一个地方的人更全更多地品尝、体验到了中国葡萄酒。

成都还是酒类行业媒体的聚集地，在糖酒快讯、新食品基础上延伸出了XN知酒传媒、WBO葡萄酒商业观察、长江酒道、常春藤葡萄酒市场研究机构、封面新闻酒频道等专业的酒类媒体，营造了一个得天独厚的国产葡萄酒信息源。

另外，成都有西北农林科技大学葡萄酒学院校友会，这些专业人士无疑是国产葡萄酒的意见领袖，他们对中国葡萄酒的推介具有十分重要的作用。

四、杭州：高品质"小资情调"市场

统计数据显示，长三角地区年葡萄酒消费量占全国的1/3，其中浙江省2019年葡萄酒消费量增幅达60%以上。杭州是浙江的高消费城市，在商业资源最丰富的温州和保税港区发展中成绩最为突出的宁波的簇拥下，杭州进口葡萄酒市场的发展具有坚实的基础。

在杭州葡萄酒受捧是有原因的。一是杭州民营经济活跃，不少经营跨国生意的中小企业家是葡萄酒的主流消费群体。二是杭州人追求具有"小资情结"的高品质生活，特别是高消费的年轻人对高端葡萄酒的需求，是吸引国际葡萄酒企业大举进军的最重要因素之一。三是杭州的城市定位为休闲城市，西湖山水等要素令杭州带有浓厚的艺术氛围。得天独厚的自然环境，国内居前的经济条件，使市民具有较高的日常生活品质，精致优雅。杭州市场备受国际葡萄酒企业青睐，国产酒也逐渐受到欢迎。

宁波、青田、温州是国内体量相当大的葡萄酒进口港，以温州、青田为首的浙商海外贸易企业，汇聚了世界各地的葡萄酒资源，是浙江乃至长三角经济带葡萄酒市场长期活跃的中坚力量。

国产葡萄酒方面，威龙葡萄酒曾经一度占据浙江葡萄酒市场"老大"的地位，最辉煌的时期，每年8亿元的销售额中，浙江市场贡献了70%，将近6亿元。目前威龙股份2023年上半年实现营业收入1.77亿元，同比下滑20.94%；净利润则亏损1 306.2万元。

2023年以贺兰山东麓、新疆等为代表的葡萄酒产区，纷纷进入浙江市场，开展展览展示、品鉴体验活动，以长城、张裕、王朝、莫高为代表的骨干企业，也是频频在杭州发力。作为重点市场，杭州是几乎所有国产葡萄酒品牌的首选地。

杭州城内新的葡萄酒主题餐厅、Wine Bar不断涌现，客人们喝酒的专业度、需求精细度也越来越高。极简工业风、法式街边风、深山岩洞高科技光影结合……无论是高端中西餐饮店还是亲民小酒吧，都在以不同维度探索着葡萄酒的生活方式与消费环境。

高性价比的小酒馆，是杭州年轻人最喜欢的社交空间。葡萄酒馆、主题餐吧，虽然装修风格与酒吧相似，但是重在营造一种社交氛围。杭州的年轻人约朋友去酒馆聊天喝酒、"微醺"状态下叙叙感情，成为高压之下年轻人的治愈"良药"。

小酒馆模式吸引了越来越多的餐饮品牌入局，开始采用"餐+酒"的经营模式。此外，小酒馆天生的"夜经济"属性，可以延长餐企的经营时间，拉动20~24点的消费，同时快速刷新新生代的消费观。

第三节　市场渠道发展特点

2023年，中国葡萄酒市场遭遇了2019年以来最严重的困局，行业处在深度调整期，继续在低谷徘徊。表现在渠道上，分销代理模式受到前所未有的冲击，经销商面临生存压力，甚至改弦易辙；在现有渠道，餐饮业处在恢复期，市场有些疲软；团购受到经济下行的影响，购买力明显减弱；专卖连锁模式不断嬗变，一种是向着多酒种的综合酒水MALL进化，另一种是增加轻餐向小酒馆模式靠拢；葡萄酒电商渠道仍在沉淀，低价冲击和性价比的争议始终存在。整体来看，2023年的葡萄酒市场遭受了来自消费端的"冷暴力"，这也更加说明葡萄酒消费大众化的必要性和前瞻性。

一、分销代理制下的经销商"生态"

一直以来，分销代理模式是葡萄酒市场的主流，企业做产品和品牌，经销商做渠道，两方合力，共同推动葡萄酒市场发展。但2023年这种模式受到了前所未有的挑战：一方面，消费市场疲软，葡萄酒销量减少，渠道接纳程度降低，经销商利润无法保证；另一方面，来自线上和新零售以及直播带货等直面C端的模式冲击，影响了经销商的生存状况。因此，2023年葡萄酒经销商一直是在调整中、适应中生存。葡萄酒经销商在与厂家的博弈、渠道融合、终端推广上，都呈现出了一些新变化。

（一）"裸价"操作模式之变

中国葡萄酒的"裸价"操作模式是从2012年之后开始的。因为葡萄酒，尤其是进口酒，连续几年的强力推广，使得经销商库存远高于实际销量，行业性的渠道"滞胀"由此产生。为消化这些库存，经销商用了五六年的时间，甚至很多经销商就此倒闭，这给高速增长的葡萄酒行业按下了"暂停键"。

与此同时，国产葡萄酒中很多中小企业，包括酒庄，因为缺乏品牌和市场推广的能力，也只能选择"裸价"操作，让利经销商以获得渠道开拓。至此，中国葡萄酒的分销代理模式成为比拼价格的"游戏"，谁的产品便宜经销商就做谁的，这样的风气从进口酒蔓延到全行业。

企业的品牌推广和市场支持肯定来自产品的部分利润，这在一定程度上会影响到某些产品的出货价。但是，企业也会因此与经销商形成"制衡"关系：首先，市场推广的效果会反映到产品在市场上的占比，而不是仅仅依赖于经销商的网络和关系；其次，经销商要考虑更换品牌的后果，而不是只看谁的价格低；最后，构建品牌在区域市场上的影响力，从而形成相对稳定性，以反哺企业和经销商。

2023年，葡萄酒经销商普遍反映是"做葡萄酒以来最艰难的一年"，这里面既有大环境的影响，同时也有这种"裸价"操作的原因。给经销商足够的操作空间，以促进市场开发这并没有错。

（二）经销商需要区域市场开发模式和渠道策略"加持"

"疫情三年，对葡萄酒行业来说，本应成为一个沉淀期，好好思考一下自己的商业模式和运营理念，从而以崭新的面貌出现。"广州湛江好明天实业总经理凌敏洲认为，"葡萄酒经销商现在不青睐于低价，而是更加需要企业提供区域市场布局、品牌打造、运营模式、联合开发等详细规划，以及与经销商一起做大市场的决心！"

葡萄酒企业不能闭门造车，靠着想象去定价、去设计产品，应该去市场了解一下消费潮流。随着消费端的变化，葡萄酒经销商的思路和产品结构，包括选品的考虑，也发生了很大的变化。现在，葡萄酒竞争要放到整个酒类竞争的"大盘"中去考虑，掌握产品信息的渠道要多样化，企业、网站、电商等已经逐渐形成一个开放性的结构，依靠信息不对称赚钱是不现实的。因此，经销商都在调整自己的经营思路，考虑电商平台压力和模式，考虑团购客户开发，甚至在考虑自建终端。当经销商的运营模式都在变化时，对于企业和产品的需求必然也在变化。

葡萄酒低价竞争的时代已经过去，经销商对于葡萄酒的选择，当前最主要的依据是看产品能否动销，支撑动销的除了产品的要素之外，还要在区域市场开发模式和渠道策略等方面能打动人。

（三）关注葡萄酒经销商生态，构建"命运共同体"

过去三年，葡萄酒经销商最明显的感觉是下游门店生意萎缩，运营成本增加，新渠道冲击。疫情原因，使葡萄酒消费场景缺失，商务用酒紧缩，这导致了团购业务下滑；运营成本方面，人员费用直线上升，业务员、促销员工资飞涨；新渠道的冲击主要来自电商。葡萄酒经销商是在夹缝中求生存，要么融入，要么被淘汰，很难找到更好的路子，生存状态艰难。

江西上饶龙盛酒业代理着国内几大葡萄酒头部品牌和很多进口酒，总经理陈志龙说，企业要求我们关心产品，这本没有错。但是每家经销商都有自己的发展阶段，比如自己今年引入连锁模式，资金和销售压力都很大。但当自己想降低一些进货量和销售目标的时候，企业就不乐意了。而且感觉对于经销商自建终端存在着跟竞品合作的可能，企业完全不能接受。他们看不到如果经销商不转型，生存下去都难的客观现实。这种向终端靠拢，一旦完成，虽然也会给竞品带来机会，但是更会给优先合作的产品销售带来巨大提升。

在这一点上，反而是一些酒庄在探索与经销商合作的模式，方法就是与大区域经销商共同建立销售公司，双方共同出资，或者用酒庄产权来换股，形成交叉持股，酒庄与经销商建立"命运共同体"，从而达到更好推广产品和品牌的目的。对于经销商来说，股份背书既增加了品牌运营的安全性，同时又可以把自己的营销模式和思路贯穿在区域市场开拓上，真正形成合力，共同成长。

二、发力宴席市场，力图"破圈"

2023年葡萄酒现饮渠道在"强复苏、弱增长"的整体消费环境下的表现，可以分为两种：一是发力宴席市场，扩大消费受众，甚至将其作为上升到市场过渡期的一种战略；二是小酒馆的崛起，简餐配酒逐渐流行，低成本饮酒成为年轻人追逐的时尚。

宴席市场开发并不鲜见，但是2023年以张裕、长城、茅台葡萄酒为代表的头部品牌，不约而同瞄准了宴席市场，不能不让人关注。

（一）张裕、长城、茅台，纷纷瞄准宴席市场

随着疫情过去，如何激活葡萄酒消费市场是大家普遍关心的问题。而在普通消费市场相对疲软的情况下，宴席市场有望成为"爆点"，葡萄酒企业也纷纷瞄准宴席市场。

2023年8月，张裕解百纳推出S系列葡萄酒，与之前上市的解百纳N系列相辅相成，共同开拓中国宴席市场。张裕解百纳S系列产品秉承东方色韵、强调中国风味，是其布局宴席市场的重要抓手。

2022年长城就已经开始布局"宴席场景建设"。长城与中国女排奥运冠军队员张常宁婚礼的互动，以"良辰喜事，举杯长城"为主题，以长城五星、长城玖、长城东方干红三款大单品为排头兵，将长城葡萄酒打造成为"传统礼"与"东方酒"的情感连接。

2022年上半年，茅台葡萄酒在整合产品结构之后，升级经典系列，瞄准了宴席市场。其宴席产品以"茅台葡萄酒陪伴你每个喜悦时刻"为主题，瓶身与酒盒采用中国红底色，寓意和谐幸福的金凤凰盘旋其上，"MOUTAI"商标居中镌刻，非常吸引眼球。茅台葡萄酒宴席产品，不仅瞄准消费市场对宴席用酒的巨大需求，而且以东方文化为内核，以更亲民的方式扩大消费群体。

品牌围绕消费场景展开，让品牌走进消费者的生活中，帮助消费者解决具体的问题，实现产品与消费者深度沟通，这是以前葡萄酒企业做不到的。葡萄

酒宴席市场开发，在于能否基于消费者的痛点、消费场景来做产品的设计，为行业找出产品场景细分化的着力点提供新的思路。

（二）宴席市场逐年提升，消费向大众回归

杭州真我咨询总经理李兴刚认为："春种夏收、喜结连理、贺寿延年、开市营业、升学应试、工作晋升、乔迁新居等，都是宴席市场存在的基础，是一个多方位、多层面的消费市场，其包容度很强，为葡萄酒市场拓展打开了'一扇门'。"

在北方市场，葡萄酒现在已经逐渐成为宴席必备的产品，开瓶率在稳步提高。华南葡萄酒市场比较成熟，人们喝葡萄酒不是为了体现时尚、品位等，更多的是为了追求健康。

从餐饮行业的消费统计数据来看，过去中大型酒店的商务消费占了整个餐饮消费的50%以上，宴席消费只占15%左右。2022年宴席消费占据了60%以上的消费份额，并且呈现出逐年递增的趋势，这也许是头部葡萄酒企业争取宴席市场的关键所在。

目前婚宴市场的葡萄酒消费占比较大，消费者主要从三个方面考量产品：首先，产品的包装。婚宴消费人群追求喜庆、祥和、温馨，因此，葡萄酒的外包装要选择喜庆的颜色，如红色、金色等。如果是礼盒装的，要注意包装的款式要新奇一些，能够吸引消费者的注意力。其次，葡萄酒的品牌。婚宴市场的消费者并不像商超和酒店的消费者那么看重品牌的知名度，反而一些寓意吉祥、幸福的名称更能得到消费者的认同。因此，产品品牌适合婚宴吉庆的氛围很重要。最后，产品的价位。婚庆市场上葡萄酒一次性购买量很大，因此，价位合理与否关系到产品能否畅销。要科学地分布价位，适应不同消费档次的消费者的需求。

（三）宴席市场"大乱斗"，能否成功"破圈"

宴席市场对于葡萄酒来说，的确有助于改变当前局面，扩大消费群体，增加在大众消费层面的影响力。但是，也必须看到，宴席市场需要经销商、渠道和终端的联动，而不仅仅是企业推出一款产品就能"撬动"的。宴席市场是葡

萄酒最接近大众消费的渠道,行业所倡导的普及化,应该从这样的渠道开始。从这个层面上来看,宴席市场对于葡萄酒具有战略意义。

其实,像威龙、楼兰等都有针对宴席市场开发的产品,在某些区域比较流行。但在具体运作上,还有很多需要提升的地方。做好宴席市场要注意产品的有效宣传,要找到与宴席市场密切相关的产品展示平台,凸显产品的差异化,让人们能够把产品迅速与宴席场合联系起来;做好特殊终端渠道的开发,比如婚纱影楼、婚庆服务公司等,让其成为促进宴席消费的平台;最后要注意制造口碑效应,宴席市场并非一次性消费,它的口碑效应是非常明显的,对于特定人群二次消费有积极的作用。

三、小酒馆盛行,把握新业态

随着华润和"1919"几乎同时官宣涉足线下小酒馆业务,加上青啤、熊猫、优布劳早就开始布局,小酒馆作为一种终端零售新场景,备受关注。巨头企业和流通企业都在布局小酒馆,力度空前,揭示了酒业终端新场景的变革,同时也成为葡萄酒拓展市场的新兴渠道。

(一)资本助力和流动企业加入,小酒馆成为最热渠道

2022年,华润推出了JOY BREW酒馆,集品牌、渠道、营销、粉丝运营于一体,目前设置了旗舰店、社区店、嵌入店三种形态,由华润啤酒作为品牌方进行赋能。"1919"也推出了MOJTBAR(莫吉托酒馆),并且宣布莫吉托酒馆是"1919"实施即时零售布局的纵深化战略步骤之一,是基于遍布全国近3000个服务网点产生夜间场景化消费需求的产物,以平价超市、社区客厅的形态,同时融入原创音乐特色,提供简单舒适的音乐酒吧环境,满足年轻消费群的社交需求。在谈到三大新业态的时候,"1919"集团董事长杨陵江表示,这是分别从"人、货、场"三个方面阐释公司的战略考虑、商业模式和价值前景,是公司发展的战略模型。这或许也为我们诠释了小酒馆发展的几个基本要素。

这些年小酒馆如雨后春笋般冒出来,说明了这种业态值得去探索,它能够拉近产品与消费者之间的距离,真正做到体验式消费场景。但目前小酒馆更多

地集中在新酒饮和精酿领域，产品相对单一，在经营和系统管理上存在着一些问题。而"1919"这样的酒类流通企业更能够准确把握终端需求，加上自身资源优势，也许能够真正推动小酒馆的发展。

（二）打通"人、货、场"，紧抓小酒馆的场景化渗透

狭义上的小酒馆，可以理解为一种新终端场景，把KTV、酒吧、夜场甚至部分餐饮的功能转化到小酒馆中，音乐、轻食、酒是其最显著的三大特点，氛围营造、场景打造、特色饮食、酒品提供成为生存的关键。也可以把它理解为一个相对独立的饮酒场所，就像日本遍及大街小巷的居酒屋，把出去喝酒转变为一种不让人疲惫的新场景，深受现在年轻人的喜爱。

而广义上的小酒馆就没有这么简单了，它覆盖和影响很多层面：品牌落地，让消费者以亲身体验的形式感受品牌文化和潮流；选择自由，解决消费者在很多餐饮娱乐场合感觉被"绑架消费"的问题；不拘泥于形式，西装领带可以来，短裤T恤也可以，好友相聚更舒服，商务谈判更轻松……小酒馆很好地解决了"人、货、场"的问题，而这是现代消费的主要元素。

小酒馆的前身其实就是曾经被葡萄酒行业广泛采用的连锁加盟模式——专卖店。只是专卖店更像是超市的酒类专区，小酒馆则在其基础上，配合酒的销售，发展出了佐餐、音乐、场景等元素，更加强调适配消费。以前超市的促销员、餐厅里的服务员、专卖店的配送员，在现在强大的消费变革中，结合第三方，完全可以融入小酒馆中，一条龙解决"人"的问题；葡萄酒的专卖店，在缺乏广泛消费基础的前提下，出售商品相对单一，而如今大部分小酒馆能提供多种酒饮：预调酒、低度酒、果酒、米酒、精酿等，甚至是饮料，丰富了"货"的外延；最后就是"场"，这里面包括企业的仓库前置、产品预售、消费环境营造、主题升华等，不去"生硬"升级产品消费体验的内涵，而是提供一种更加强调服务的"软性"产品体验，真正满足消费者。小酒馆的火爆，就是企业把关注点从如何将产品卖给消费者进化到了促进他们消费产品，这是一个巨大的进步。

（三）把握新兴业态，葡萄酒也要重视小酒馆的开发

从本质来说，小酒馆更像是轻餐配酒的新终端，葡萄酒适合休闲集饮的氛围，因此，小酒馆是葡萄酒经销商应重视的新渠道。

从某种程度上来说，小酒馆强调了喝酒的体验感，属于葡萄酒现饮渠道的一种。而这种业态，将会从钟情于精酿啤酒和新酒饮，向更宽的范围过渡，除了黄酒、葡萄酒外，甚至白酒都可能进入，并且发挥更大的价值。从这个角度来看，小酒馆业态是开放式的，具有很强的兼容性，这对于消费市场相对疲软的葡萄酒来说，无疑具有战略价值。

四、专卖店"化形"，打造"一千米消费圈"

专卖店是葡萄酒销售的一种固有形式，2023年也受到极大挑战，归根结底，还是终端消费拉动力不足，市场还没有恢复元气。对此，一些经销商在探索把专卖店的业态化整为零，进入社区，按照葡萄酒"一千米消费圈"的构想来运作。

（一）生存压力下，专卖店穷极思变

现在的葡萄酒专卖店，面临很大的生存压力，销售额直线下降。其原因首先是店租和人力成本一路上涨，其次是电商对集中型的葡萄酒专卖店业态的冲击，最后就是团购缺失。这三个原因让很多葡萄酒专卖店甚至面临着生存的危机，不得不探索新的出路。

当前，葡萄酒消费大环境不太理想，专卖店是葡萄酒终端销售的一种业态。当它不适应或者不符合潮流的时候，也没必要抱残守缺，非得去做专卖店。可以考虑把专卖店转换一种形态，让其继续发挥终端作用。比如，社区店和迷你店，规模小，经营灵活，获客成本低，更加接近终端，还能与其他品类兼容。

穷极思变，当葡萄酒消费大环境改变之后，作为曾经承担葡萄酒销售重大职能的专卖店，也需要考虑改变一下形态。

（二）"化整为零"入社区，专卖店"化形"

早在几年前，在深圳、广州、上海等地就已经有经销商将小型葡萄酒专卖店开进了高级社区，近几年，在一些葡萄酒氛围比较浓厚、市场成熟的地区，葡萄酒迷你店也开始出现。

广州E鲜城市酒窖总经理张卫庆介绍说，E鲜城市酒窖有四家店，分布在天河、番禺、越秀和白云四个区，就是依托当地的中高端小区而建立，面积都在四五十平方米，产品也是以多个国家的进口酒为主。但是公司遭遇困难后，对经营方向进行了调整，把这种专卖店的形态转变成了社区店，引入白酒、啤酒等其他酒种，店内葡萄酒销量不降反升，有了较为明显的提高。

从这个案例不难看出，葡萄酒的消费群与其他酒种存在着很大的重合度，单一的葡萄酒专卖店在当前情况下获客成本很高，而综合酒种经营则分摊了这种成本，吸引了很多"计划外"的客源，反而让葡萄酒销量有所提升。

同样，在上海静安区一家葡萄酒专卖店做总经理的李立说，2019年之后我们就关停了200多平方米的专卖店，带着产品把周围的社区店、烟酒店"扫荡"了一遍，几乎在每家店里都留了产品，并跟老板讲明，留置的一箱酒可以用于品鉴，其他酒卖掉大家分成，卖不掉就放在店内展示，老板不用压款或者压货，有订单可以在半小时内送达。一周后，20多家社区店有十五六家再次进货。通过"赊销"这种方式，消化掉了库存，而且还有盈利。

专卖店"化形"其实是一种非常灵活的经营方式，能够让经销商摆脱重成本运作的专卖店业态，在当前情况下继续生存下去。

合肥锦驰商贸的专卖店运作或许更能说明这个问题。虽然其专卖店经营艰难，但一直在坚持。它们开始把产品投放到一些高档社区店和烟酒店之后，拿到了很多5~10箱的小型团购订单。虽然规模不大，但胜在订单多，对于整体团购业务也有了较大提升。而烟酒店和社区店的运作，基本上没什么成本，只需控制一下"赊销"的规模和数量，保证在一个安全范围内即可。

（三）做好消费引流，打造"一千米消费圈"

专卖店进入社区，是面向日常消费，让消费者能在家门口就可以很便捷地买到葡萄酒,增加产品曝光度,进行消费引流,从而对抗线上销售。

但是,单纯靠卖葡萄酒来维持一个店面的运营比较困难,最终很多葡萄酒零售店的利润还是会被房租、人力成本等稀释。而且,葡萄酒已告别暴利时代,产品价格一降再降,线上业态冲击力很大,像京东、天猫等大的电商平台,有着完善极速的配送物流体系,能做到当天下单当天到货,而且能深入社区送货上门。因此,葡萄酒的线下实体店最重要的是要有更多的"引流方式",让消费者走进店里,并且紧密捆绑,打造"一千米消费圈"。

"社区葡萄酒消费圈",就是围绕社区,整合周围"一千米的商圈",把与家庭刚需相关的蛋糕店、咖啡馆、水果店以及烟酒店等都"捆绑"起来,实现资源置换和联合促销,同时注意做好消费引流。如果葡萄酒经销商能把社区店周边店面整合,做好利润分配,完全可以盘活一片区域。

宁波保税区永裕贸易有限公司在几年前就打造了一个O2O的线上平台,叫"永裕在线",同时在宁波市很多社区与零售终端协作,增加消费者购买葡萄酒的便利性,还会作为线上订单的取货点,消费者可以就近到店提货。而永裕也会通过平台发布一些葡萄酒品鉴或文化活动,消费者可以到店报名参与,也可以线上报名,活动会在不同合作伙伴店里举行,进行消费引流的同时,增强消费者体验。

五、新电商趋稳,抓住直播带货红利期

对于葡萄酒电商渠道,存在着很多争议。有人认为它是低价、假冒、仿冒产品的温床,也有人认为它迎合了消费趋势,是一种自然选择。而从电商模式来看,葡萄酒电商表现得各不相同。值得注意的是,以抖音、小红书等为代表的社交媒体,通过短视频和直播带货,直接把葡萄酒电商提升到一个新的阶段。

(一)综合电商平台,"血拼"之后,头部品牌趋于平稳

以京东、天猫等为代表的直接面向"C端"消费者的电商平台,是之前葡萄酒电商运营的主要形态,而在经历了低价、假冒、仿冒风波冲击之后,各大头部企业的直营店逐渐成为主流,发挥了更大的作用。

张裕葡萄酒京东自营旗舰店已经是8年的老店，粉丝数突破一千万。高居销量榜第一名的是张裕精品干红，750mL×6瓶装的整箱酒，日常价格为188元，而京东补贴价只有149元，平均下来，每瓶酒25元左右，目前已经取得了破百万瓶的销量。

而在长城的旗舰店内，长城特酿3解百纳、特酿6解百纳都突破了百万瓶销量，整箱价格分别为123元和249元，平均单瓶酒在20元和40元。相比来说，其他品牌的销量和粉丝数要低很多。

一位运营京东线上店铺的葡萄酒经销商表示，近两年葡萄酒在传统电商平台的竞争，在经历了"血拼"价格、假冒、仿冒之后，整体上趋于平稳，头部企业和品牌通过旗舰店争夺消费者，展现出了较大优势，消费者的选择也逐渐成熟，但还是有很多不规范的企业和操作。整体来看，感觉葡萄酒对于传统电商依赖度不高，只是作为一种补充渠道。

（二）葡萄酒只是垂直电商平台的补充

随着电商裂变，垂直电商的功能逐渐细化，也诞生了酒仙、"1919"这样的酒类垂直电商平台，它们专注于酒水行业，用户群的需求更加明显，并且催生出垂直电商更多的服务内容。

酒仙集团董事长郝鸿峰认为，酒类行业是中国最传统的产业，数字化和智能化是行业提升的主要方向，而营销理念和拥抱变化的创新更加重要。当前，高端互联网化的零售业态，也逼迫酒企关注酒类行业数字化转型。

而葡萄酒在垂直电商上的表现只能用"乏力"两个字来概括。一方面，品类受众群体有很大局限性，无法给平台导流；另一方面，垂直电商也面临巨大压力，很难给葡萄酒品类从消费端直接赋能。因此，葡萄酒只是垂直电商平台的产品结构的补充。

无论是综合类电商还是垂直类电商，从目前发展趋势来看，向直播带货过渡，似乎已经成为必然。

（三）直播带货渠道，葡萄酒"各显神通"

2023年，葡萄酒与直播带货结合最轰动的案例无疑是NBA巨星詹姆斯·哈登在小杨哥抖音直播间，5秒卖完1万瓶其自创品牌的葡萄酒，连哈登都被中国消费者的购买力震惊。要知道，这款产品在美国零售店内，每天销量也仅为几箱。

在淘宝直播间，李佳琦为宁夏贺兰山东麓葡萄酒带货，销量超过2 000单，迅速攀升至淘宝干红热卖榜第一名。而这款产品虽然是来自宁夏贺兰山东麓，但实际上是保乐力加旗下品牌。

在垂直葡萄酒直播带货领域，专业主播小皮的店铺内，都是国内外知名产地及酒庄的可查询产品，醉鹅娘则是以个人IP为品牌，打造出多款爆品，赢得了消费者的喜爱。

不难看出，电商渠道发生了巨大的改变。依靠社交媒体属性，实现产品与消费者的对接，主播更像是一个极富感染力的促销员，通过对葡萄酒基础属性的介绍和饮用体验，引发消费者共情，从而拉动销量。

对于葡萄酒来说，传统电商渠道的硝烟还没散尽，短视频、直播带货业态就已经让人蠢蠢欲动。从电商卖酒到社交媒体卖酒，葡萄酒要赶上潮流，就必须跟上快消品发展的步伐，这对葡萄酒行业的渠道开拓，又提出了一个新命题。

第五章

中国葡萄酒产业发展趋势与对策

自2013年开始，中国葡萄酒产业进入深度调整期，伴随着产业的调整和转型升级，中国葡萄酒的整体发展呈下降的趋势，包括全国酿酒葡萄种植面积的萎缩、葡萄酒产量和消费量的大幅下滑，这一趋势受到包含进口葡萄酒竞争、经济发展放缓、消费环境的变化等在内的多种因素的影响。近些年来中国葡萄酒的市场日趋成熟，富裕的中上阶层的崛起，消费趋于个性化和中高端化以及各具特色的酒庄葡萄酒的发展，促使中国葡萄酒的质量不断提高，中国葡萄酒品牌的国际影响力逐渐增强。随着新冠疫情结束、世界葡萄酒产销趋于平衡等外部宏观环境的改善，在线上电商等新媒体营销兴起、政府鼓励行业政策的推广和引导、葡萄酒文化旅游产业的发展和葡萄酒消费意愿更高的年轻一代逐渐成为消费市场的主力军等内部因素的刺激下，未来中国葡萄酒仍然具有可观的发展前景。随着中国经济逐步恢复和发展，在国家"十四五"和未来"十五五"规划的引领下，中国葡萄酒产业必将迎来新的发展机遇。

第一节　葡萄酒产业发展预测

FORECAST.ETS函数是一种常用的时间序列分析预测方法，其基于指数平滑法的思想，可以根据历史值预测未来值，适用于中短期发展趋势预测。通过采用FORECAST.ETS函数构建拟合预测方程，结合调查统计的中国酿酒葡萄栽培面积与葡萄酒产量的数据，以及OIV数据库中的中国葡萄酒消费量、进口量和出口量的数据[①]，我们对上述葡萄酒产业发展相关数据进行了预测。如上所述，中国葡萄酒产业的发展，包括其各组成部分，都受到了国内外各种因素的影响。本节中的各种趋势预测及具体预测值，都会与未来的实际值有所差异，仅供读者参考。

---

① https://www.oiv.intwhat-we-dodata-discovery-reportoivoiv，2024年2月25日。

一、酿酒葡萄栽培面积

中国酿酒葡萄栽培面积预测方程为 $y=8.4843x-56.802$，决定系数 $R^2=0.9013$，置信区间95%，拟合度较高。中国酿酒葡萄栽培面积1991—2022年的变化和2023—2030年的变化趋势如图5-1所示。通过对趋势预测的置信区间分析，我们认为趋势预测的数据是相对合理的。所以，2023—2030年，酿酒葡萄栽培面积或将呈稳定上升的趋势。具体产量预测如表5-1所示。

图5-1　中国酿酒葡萄栽培面积预测

表5-1　2023—2030年中国酿酒葡萄栽培面积预测值　　　（万亩）

年度	2023年	2024年	2025年	2026年	2027年	2028年	2029年	2030年
面积	231.76	238.40	245.05	251.70	258.34	265.00	271.64	278.28

二、葡萄酒产量

基于历史产量数据，运用FORECAST.ETS函数建立的回归方程为 $y=6.6374x-121.53$，决定系数 $R^2=0.627$，置信区间95%。中国葡萄酒产量1991—2022年的变化和2023—2030年的变化趋势如图5-2所示。通过对实际变化和趋势预测的置信区间分析，我们认为，2023—2030年葡萄酒产量或将稳定上升，在趋势预测值和置信下限之间运行（图5-2，表5-2）。

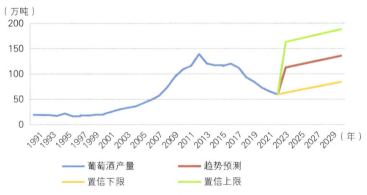

图5-2　中国葡萄酒产量预测

表5-2　2023—2030年中国葡萄酒产量预测值　　　　　（万吨）

年度		2023年	2024年	2025年	2026年	2027年	2028年	2029年	2030年
产量	上限	163.32	166.86	170.40	173.97	177.50	181.06	184.62	188.18
	下限	62.97	66.00	69.02	72.05	75.07	78.08	81.09	84.10

三、葡萄酒消费量

基于历史消费量数据，运用FORECAST.ETS函数建立的回归方程为 $y=7.613x-79.624$，决定系数$R^2=0.5122$，置信区间95%。中国葡萄酒消费量1995—2022年的变化和2023—2030年的变化趋势如图5-3所示，与葡萄酒产量的变化和预测趋势相似。通过对实际变化和趋势预测的置信区间分析，我们认为，2023—2030年葡萄酒消费量或将稳定上升，但由于新冠疫情的"长尾效应"，其增长速度不会很快，或将在趋势预测和置信下限之间运行（图5-3，表5-3）。

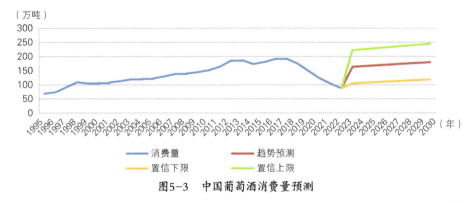

图5-3　中国葡萄酒消费量预测

表5-3　2023—2030年中国葡萄酒消费量预测值　　　　　（万吨）

年度		2023年	2024年	2025年	2026年	2027年	2028年	2029年	2030年
消费量	上限	222.21	225.42	228.65	231.87	235.10	238.33	241.57	244.81
	下限	105.49	107.78	110.05	112.33	114.60	116.86	119.13	121.39

四、葡萄酒进口量

基于历史进口量数据，运用FORECAST.ETS函数建立的回归方程为 $y=2.5544x-37.111$，决定系数 $R^2=0.9978$，置信区间95%。中国葡萄酒进口量1995—2022年的变化和2023—2030年的变化趋势如图5-4所示。通过对趋势预测的置信区间分析，我们认为随着葡萄酒消费量的增加，进口量也会稳定上升，因此趋势预测的数据是相对合理的（图5-4），2023—2030年进口量或将呈稳定上升的趋势。具体进口量预测如表5-4所示。

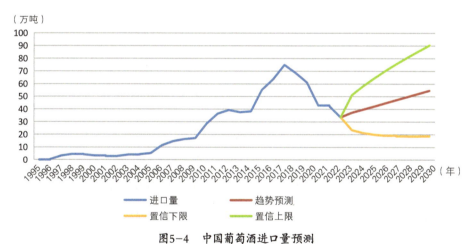

图5-4　中国葡萄酒进口量预测

表5-4　2023—2030年中国葡萄酒进口量预测值　　　　　（万吨）

年度	2023年	2024年	2025年	2026年	2027年	2028年	2029年	2030年
进口量	33.68	37.33	39.81	42.28	44.76	49.71	52.19	54.66

五、葡萄酒出口量

中国葡萄酒出口量很小，基于历史出口量数据，运用FORECAST.ETS函数建立的回归方程为$y=-0.0053x+0.642$，置信区间95%。其1995—2022年的变化和2023—2030年的变化趋势如图5-5所示。通过对趋势预测的置信区间分析，我们认为随着中国葡萄酒国际化进程的加快，中国葡萄酒出口量也会波浪式地上升。因此，2023—2030年葡萄酒出口量或将按预测趋势的置信上限运行（图5-5）。具体出口量预测如表5-5所示。

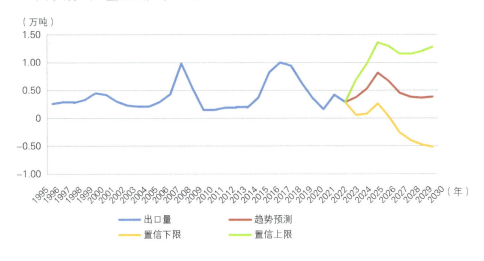

图5-5 中国葡萄酒出口量预测

表5-5 2023—2030年中国葡萄酒出口量预测值 （万吨）

年度	2023年	2024年	2025年	2026年	2027年	2028年	2029年	2030年
出口量	0.69	0.98	1.36	1.30	1.16	1.16	1.20	1.28

六、葡萄酒市场走势

根据上述预测分析，虽然有很多不确定因素，但中国葡萄酒产业将进入新一轮的发展时期，随着对葡萄酒消费信心的增强和国际化的深入，葡萄酒消费量将稳定上升，葡萄酒产量、进口量和出口量也将增加，这些都将带动酿酒葡萄栽培面积的扩大,葡萄品种结构和葡萄酒产品结构将进一步优化。

根据中国酒业协会发布的《中国酒业"十四五"发展指导意见》,预计到2025年,中国葡萄酒产量将达到70万吨(这与我们的预测值的下限69.02万吨非常接近),比"十三五"末增长75.0%,年均递增11.8%;销售收入达到200亿元,比"十三五"末增长66.7%,年均递增10.8%;实现利润40亿元,比"十三五"末增长300%,年均递增32%。

"中国葡萄酒"IP的知名度和美誉度将进一步提高。经过多年的发展和经验的积累,尤其是在葡萄酒教育体系、栽培酿造技术体系和文化建设体系的逐步完善的基础上,中国葡萄酒产业取得了巨大的进步,逐渐形成了"中国葡萄酒"IP品牌基础,从"中国风土,世界品质"到"品过世界,更爱中国",以及"中国葡萄酒"IP品牌建设,凸显了中国葡萄酒产业的产业自信、文化自信和质量自信,也标志着中国葡萄酒从品质时代进入品牌时代。

葡萄酒品类将逐渐普及化和大众化。中国并非传统葡萄酒饮用区,葡萄酒面临其他酒种的挤压,因此葡萄酒行业提倡新饮酒文化,着重于持续提升产品品质,并持续推广和普及"轻饮用,慢享受,随意葡萄酒"的新理念,致力于为消费者提供极简化和便利化的购买和引用体验,做大整个品类的盘子,是未来最应该努力的方向。

葡萄酒消费市场将进一步下沉。国内的二、三线城市近年来成为不少消费品品牌关注的热点,特别是随着电商平台的发展和物流系统的完善,产品的可见度及可及度都出现质的飞跃。根据中国主要电商平台天猫的数据,二、三线城市的葡萄酒购买力已经发展成为一股不可小觑的力量,而来自三、四、五线城市的客单价更是超出了一线城市。

第二节　中国葡萄酒产业发展的主要问题

近年来,中国葡萄酒产业在深度调整的过程中,虽然产量和消费量连年下滑,但产业布局、产品结构不断优化,质量不断提高,中国葡萄酒品牌的国际影响力逐渐增强,葡萄酒产业对地区社会经济的推动作用越来越大,从生产、流通到消费的葡萄酒产业链在我国部分地区迅速发展。用历史数据对未来发展趋势的预测结果也表明,中国葡萄酒产业或将触底反弹,恢复发展。但是,要实现这一目标,就必须解决当前制约中国葡萄酒产业发展的主要问题。

一、市场竞争乏力

近年来国内葡萄酒企业的销售额下降,销售难,库存多,渠道萎缩。与国外葡萄酒相比,我国葡萄酒市场竞争力较弱,在销售渠道、市场策略、产品价格、产品质量与服务及促销等方面还存在不小的差距,市场占有率偏低。国内市场上,进口葡萄酒在消费量中的占比从2013年的20%节节攀升至2019年的41%,随后稳定在40%左右（表5-6）。国际市场上,中国葡萄酒没有定价权,更无自己的销售渠道,缺少话语权,出口处于被动之中。

表5-6　中国葡萄酒进口量在消费量中的占比

年份	2013	2014	2015	2016	2017	2018	2019	2020	2021	2022
进口量（万吨）	37.66	38.38	55.55	63.89	75.11	68.76	61.28	43.05	42.43	33.68
消费量（万吨）	187.14	173.69	180.57	191.62	192.8	175.68	149.99	123.96	104.92	88.15
进口量/消费量	20%	22%	31%	33%	39%	39%	41%	35%	40%	38%

二、项目投入和产业增速逐年下滑

近年来,国内资本对于葡萄酒产业投资意愿减弱,各地葡萄酒项目在不断减少,新疆、甘肃、宁夏等优秀产区葡萄酒招商引资困难,各路资本和商家对葡萄酒产业的投资热度降低,特别是对葡萄种植基地的投入减少,各地项目数量锐减。资本投入意愿不强,导致产业增速逐年下滑。

三、产业发展不平衡不协调

近年来,中国葡萄酒产业逐渐由东向西转移。根据中国11大葡萄酒产区的调查数据,2022年东部的酿酒葡萄栽培面积(105.41万亩)和葡萄酒产量(30.97万吨)虽然仍略高于西部(92.14万亩,28.61万吨),但两者的比例已接近1:1。这也是产业布局优化的结果。然而,东部可用于葡萄种植的土地并不多,原料供应受限,土地已成为制约东部葡萄酒产业发展的瓶颈。而新疆、甘肃、宁夏等西部地区土地资源丰富,光、热等风土条件有利于葡萄种植,但产业发展受到资金、市场、技术等方面的制约。东西部发展不平衡还体现在以下几个方面:东部知名品牌多,西部少;东部生产经营状况好的大企业多,而西部小企业多,经营业绩赶不上东部企业,在相同条件下,同一规模企业的年收入、利润等指标差异较大。此外,由于区域发展不平衡等原因,葡萄酒的主要市场依然是在东部。

四、产业融合效率效益低下

葡萄酒产业是一个关联度高、亲和力强的产业,尤其是与旅游、文化产业融合发展,已成为产区一二三产业融合的基础产业。但有些地方的计划多于实施,有的项目有始无终,有的规划项目投入与实际不符。产业整合抓不住本质,没有重点,没有方案,达不到应有的目的和效果。

第三节　中国葡萄酒产业发展存在问题的原因分析

葡萄酒消费主要产生于即饮渠道的社交活动。2019—2022年,葡萄酒消费量下降了41%。业内人士认为葡萄酒消费与人们收入水平高度关联。疫情冲击后，我国经济复苏持续向好，但受经济环境、就业状况、消费心理及倾向变化等因素的影响，人们仍处于"心有余悸"阶段，成为制约葡萄酒消费市场持续复苏的重要因素。葡萄酒市场下滑及产业利润无法达到国内生产商的预期，也是制约中国葡萄酒发展不可忽视的因素。自2012年以来，我国先后对部分国家进口葡萄酒实行零关税政策，使进口葡萄酒对国产葡萄酒市场的挤压加大，给国内葡萄酒生产企业带来了很大压力。主要原材料价格大幅上涨、社会化服务体系不健全、成果转化意识淡薄、产业链不完善、文化建设滞后等因素都成为产业发展的重要堵点、卡点。

一、葡萄酒文化建设滞后

葡萄酒文化是影响葡萄酒产业发展的直接因素，是消费者行为习惯和购买意愿重要的影响因素。中国葡萄酒文化氛围长期缺乏良好引导及规范体系，致使葡萄酒市场难以稳步跃升发展。当前缺乏对外来葡萄酒文化与本土化的比较研究，缺乏中国风格特色文化的消费理念培育，与中国博大精深的饮食文化融合的葡萄酒文化缺失，致使消费者对中国葡萄酒产品缺乏认同感。产品文化影响消费习惯，消费习惯决定购买行为。目前，葡萄酒依然没有成为消费者日常消费的主流饮料酒。一方面是早期产品定位畸形和市场不规范使其脱离了广大普通消费者；另一方面是中国消费者大多缺乏天然接受葡萄酒的基因，认知、认可度不高。在消费能力上地域差别大。近年来随着"国货"血脉觉醒趋势加速，尤其是在中国的年轻消费者群体中，他们更喜欢国产而非进口产品。国内葡萄酒企业未能快速转变其业务方式，以满足这批年轻、充满民族自豪感和挑剔的"Z世代"的需求。倘若葡萄酒消费的增长仍然建立在数量而非其所带来的"唤起价值"上，葡萄酒市场供需脱节现象将致使葡萄酒产业难以发展。

二、投入产出比下降

投入的资金与其创造的价值之比称为投入产出比，是反映投资效果的一个指标。建立一个酒庄需要大量的资金和很长的投资回收期。在葡萄酒园建设方面，从种植到结果，需要3~5年的时间。在这期间，只有投资，没有回报，无法资金回笼。此外，酒庄内的先进设备较为昂贵，葡萄采收、运输、筛选、破碎除梗、压榨、发酵、葡萄酒陈酿、灌装等都需要现代化的设备，投资也不小。还有土地承租、骨干技术人员培训、营销推广等都需要大量资金。一个小酒庄的投资至少是1000万元。近几年，受外部环境影响，材料价格大幅上涨，进一步使葡萄酒生产成本攀升。这些投资在短期内很难收回，特别是当行业处于调整期，市场不好，销售困难时，收回投资的难度更大。因此，投入产出比的下降严重影响了中国葡萄酒产业的发展。

三、社会化服务体系不健全

目前，在酿酒葡萄种植、葡萄酒酿造、葡萄酒分析检测、葡萄酒灌装等方面，产区缺少相应的社会公共服务机构，也缺少针对上述技术的专业咨询服务公司，而这些机构和公司在国外成熟的产区都是配套的。因此，一些小酒庄虽然规模小，但是仍然需要购买各种设备和匹配各种岗位，而且很难聘请到专业人员。葡萄酒生产是季节性的，灌装设备等一些设备长期闲置，增加了成本，浪费了资源。

四、成果转化意识淡薄

近年来，我国加大了在葡萄酒领域的科技投入，在酿酒葡萄品种选育、栽培技术、葡萄酒微生物、葡萄酒酿造等方面，取得了大量的科技成果。但由于投资者成果转化意识淡薄，接受新事物、新理念困难，加上缺乏相应的成果转化鼓励政策和分配制度，使得新技术、新成果不能快速转化利用，阻碍了葡萄酒产业的科技进步，导致系统成本增高，产品质量提升困难，很难形成市场竞争力。

五、产业链不完善

葡萄酒产业发展涉及种植、加工、包装物制造供应、酒标设计、酿造设备、市场营销和旅游观光等行业。但现阶段，除烟台产区有较为齐备的上下游企业外，大多数产区仍处在以葡萄种植及葡萄酒酿造为主的水平上，产区内还缺乏酒瓶、酒具、酒塞、橡木桶及葡萄废弃物加工利用等葡萄酒上下游企业，产业发展链条较短，产业经济潜能还远没有发挥出来。此外，酒庄需要从国外、省外采购相关包装材料、设备，这也增加了运输成本。

六、产业融合体制机制不灵活

体制机制不灵活成为阻碍中国葡萄酒产业深度融入关联产业的原因。体制上，产业融合分属于不同部门管理，涉及各个行业。葡萄酒产业与旅游、文化等产业融合是一个协同化、系统化的工程，绝不能单打独斗，政府、企业、行业以及企业所在村居等要形成共识，集思广益，破除藩篱，搞好规划，上下左右一盘棋，统筹实施推进。不灵活的机制也是产业融合的最大制约因素。在机制上，投入方式单一，仅仅靠一家有实力的企业运作项目，一旦遇到资金链断裂等突发事件就得搁浅。评价机制多重、轻内容，看过程、轻结果、轻效益，创新机制缺乏、模仿多于创新、复制工程多等，缺乏融合技巧，制约了葡萄酒产业与旅游文化等产业的深度融合。

第四节　中国葡萄酒产业发展的对策建议

通过对中国葡萄酒发展过程中存在的主要问题及其原因进行分析，找到并补齐短板，是促进中国葡萄酒产业可持续发展的当务之急。

一、深耕产区，塑造不同产区多样化的葡萄酒风格特色

树立产区特色是提升各个产区品牌，最终提升中国葡萄酒世界形象的必然选择，只有形成鲜明的产区特色和突出的产品特色，才能赢得国内外消费者的认可。其中重点工作是做好产区气候、土壤、品种、葡萄酒质量网格化分析

等基础性研究工作,固化各个产区葡萄酒的风格特征,并以此为依据,指导酒庄做好品种定位、产品定位,开发具有地域特色的葡萄酒产品,不断提高市场占有率,提升各个产区葡萄酒品牌知名度,从而以品牌化战略带动市场消费。

二、培育品牌,强化产业发展重心更加倾向市场和消费

葡萄酒作为快消品,发展的普遍规律是通过品牌化、全国化乃至国际化实现产业的销量、收入、利润集中,使得主流企业由小到大、由大到强,以利于从容应对产业面临的国内、国际挑战。产区的发展需要依靠龙头企业的带动作用,所以要引导龙头企业改变传统观念和模式,充分重视企业及产品品牌建设,积极参与产区品牌推广工作,以快速提升产区品牌知名度。积极调整葡萄酒产业发展重心,强化逐步从以产品为中心,转向以市场和消费为中心,适应市场结构的快速转变,充分发挥供给侧改革、消费升级、"互联网+"等新趋势引导葡萄酒市场良性发展的作用。

三、促进葡萄酒产业向西部转移,东西一体化协调发展

近20年,葡萄酒产业的生产布局发生了较大改变,正逐步由传统产区向特色优势产区分散,区域不平衡程度也有所缓解,"东迁西移"变动特征显著。目前,我国葡萄酒的主要市场是在经济发达的东南沿海地区,而该地区又基本不具备生产优质葡萄酒的生态条件。西北广阔的干旱、半干旱地区,干旱少雨、光照充足、昼夜温差大,非常有利于葡萄的生长,浆果着色好、含糖量高、富含各种营养物质,病、虫、草害危害少,可以为优质、高档葡萄酒生产提供最佳的原料。地处西北的宁夏贺兰山东麓地区、甘肃河西走廊地区、新疆部分地区、陕西渭北旱塬地区就颇具代表性,其独特的水、土、光、热等资源优势使它们成为我国生产优质葡萄酒最有竞争潜力的地区。另外,地方政府的大力推动,促进了这些新兴产区的发展。"沙经济、沙漠葡萄酒"的大力开发,促进了内蒙古乌海市农区经济发展。西部地区拥有丰富的沙地、荒漠资源,为葡萄酒产业西迁提供不竭源泉。2018年3月,国务院办公厅印发《跨省域补充耕地国家统筹

管理办法》和《城乡建设用地增减挂钩节余指标跨省域调剂管理办法》等指导性文件，旨在通过改进耕地占补平衡管理办法，建立新增耕地指标、城乡建设用地增减挂钩节余指标跨省域调剂机制等。此次跨省调地政策的颁布，在一定程度上为将来调剂东部地区葡萄种植基地欠缺与西部地区后备土地资源丰富之间的矛盾提供了政策支持。

此外，应借助国家"一带一路"建设的实施之契机，东西部产区企业紧密协作，发挥各自优势，利用"一带一路"沿线国家资源，投资开发建设优质原料和生产基地，进行国际性的收购、兼并、合作，迈向国际化经营。针对东西产区企业反映的葡萄酒税负高、消费税高等问题，国家有关部门要通过严格监管进口酒倾销、调整关税、提高进口葡萄酒门槛等措施，来改善我国东西部葡萄酒的发展环境，促进东西部葡萄酒产业协调发展。

四、加强葡萄酒消费文化体系建设

持续的消费文化建设能够促进某一品类的市场价值不断提升。坚持民族和文化自信、回归产品和品质、重视和呼应消费升级，是中国葡萄酒市场的消费文化体系建设的起点。在这个过程中，还需恪守三个原则：①消费文化建设要以稳步提升品类价值为使命，奉行长期主义；②国内消费市场的分化要求建设多层次、全维度的消费文化体系；③消费文化建设的最终目标是要让行业、企业、品类、品牌与消费者搭建起深度信任的紧密型关系。同时代齐共振、随消费共升级，要从企业文化、品牌文化、产区文化和产品文化4个维度搭建葡萄酒消费文化体系；要基于多途径对外进行表达，并处理好饮食文化和雅俗文化等与葡萄酒消费文化体系建设之间的关系。

五、建设完善的社会化服务体系

通过组建专业服务公司，在农业机械、葡萄酒灌装、葡萄酒检验检测、技术咨询、病虫害统防统治等领域，为酒庄提供专业化服务，以减少机械、设备购买和人员工资等费用，达到节约成本的目的。例如：组建葡萄种植服务公司，开展统一的技术、农机、劳务服务,以科学标准化的技术支撑基地的建设、管理,同时提高机械化水平;建立技术咨询公司,针对小酒庄开展酿造技术服务,在关键时期和环节指导酒庄生产,同时开展技术普及培训,提高酒庄(企业)的员工职业和技术素质。

六、加快科技成果转化

围绕葡萄酒产业高质量发展需求,探索建立"定向研发、定向转化、定向服务"的订单式成果转移转化机制,加快精准栽培、绿色植保、特色酿造等技术示范转化。建立完善高校和科研院所科技成果转化分配制度,引导、支持高校和科研院所开展高价值专利的培育和转化,鼓励科技人员投身葡萄酒产业开展创新创业活动,促进技术成果从高校和科研院所向市场流动,提升葡萄酒产业科技成果转化和应用能力,推动葡萄酒产业由资源优势向产业和经济优势转化。

七、促进产业融合,加快完善全产业链

通过规划建设葡萄酒产业配套服务基地,以税收、土地等优惠政策,吸引酒瓶、酒具、酒塞、橡木桶及酿造设备等生产企业入驻,形成配套葡萄酒产业发展的完整产业链条。引进葡萄酒副产物深加工企业,综合开发利用葡萄皮渣,生产葡萄籽油、葡萄皮白藜芦醇等,使葡萄酒副产物变废为宝,提高产业经济效益。同时,做足"葡萄酒+"文章,培育发展"葡萄酒+文旅""葡萄酒+养生""葡萄酒+美食""葡萄酒+艺术"等新业态、新模式,带动旅游、餐饮、购物等服务业发展。

八、产业数字化转型

"十四五"时期,随着产业数字化转型的深入推进,物联网、人工智能、机器人、卫星地图可视化等现代信息科技与葡萄酒产业融合的广度和深度日趋提升。数字化变革为葡萄酒产业带来了更多的机会,包括提高效率、提高透明度、

提高生产率、开创新的业务模式、推动可持续发展等。葡萄酒是一个连接着种植、酿造、旅游、销售等各个方面的产业，在葡萄酒产业中，从葡萄园到酒厂，再到市场，各种技术都在不断地发展着"葡萄酒产业数字化"的多维度融合。例如长城、张裕、贺兰红等都已经开始了数字营销的变革之路，把中国酒类市场竞争带入一个新的维度和新的领域。消费者的数字化参与度及其感知都会对他们的购买意向产生直接或间接的积极作用。因此，可通过增强数字化转型扶持力度、建立统一的产学研数字化研究体系、培养用户的数字化消费模式来完善数字化产业体系。通过合理布局产业集群、增值产业链关键环节实现产业链增值等，助推产业数字化转型。

九、加大帮扶力度

中小企业是国民经济和社会发展的主力军，在促进增长、保障就业、活跃市场、改善民生等方面发挥着重要作用。受原材料价格上涨、订单不足、用工难用工贵、应收账款回款慢、物流成本高等影响，中小企业成本压力加大、经营困难加剧。为贯彻落实党中央、国务院决策部署，进一步加大助企纾困力度，减轻企业负担，助其渡过难关，中国乡村发展志愿服务促进会积极搭建扶贫对接、众筹扶贫、消费扶贫三个平台，为社会扶贫提供信息化服务。

葡萄与葡萄酒产业链长，具有一二三产业的复合型特征，成为中国乡村发展志愿服务促进会九大产业之一的典型帮扶产业。根据葡萄与葡萄酒产业新形势新任务新要求，中国乡村发展志愿服务促进会成立葡萄酒工作小组，全面实现有效衔接。一是号召葡萄酒中小企业加入中国社会帮扶网，充分发挥数字乡村平台、公益帮扶四方平台和消费帮扶四方平台作用，宣传企业和产品。二是积极参与中国乡村特色优势产业发展峰会，发布葡萄酒产业发展蓝皮书，交流做法和经验，举办论坛研讨发展，举办展销促进消费。积极参加农民丰收节，在主产区举办特色优势产业庆丰收活动。三是组织开展葡萄酒产业发展调研观摩活动，全面开展消费帮扶产品认定，在东部地区和重点城市探索开展帮扶产品、特色优势产品展示展销活动，帮助脱贫地区做好"土特产"文章。分类开展定向培训和定制培训，跟踪指导受训学员创业创新。四是创新开展乡村振兴特色优势产业培育工程和乡村振兴产业带头人培养工程，助力中西部脱贫地区特色优势产业发展和人力资源提升。加强会员联络服务，动员会员单位"抱团做项目"。持续实施千名专家万名志愿者计划。依法合规开展筹资工作，保障重点项目的可持续发展。五是推进促进会和帮扶网融合发展，发挥整体效应作用。持续提升数字乡村平台服务能力，加大"积分得项目"推广力度。持续提升公益帮扶平台支撑能力，做好公益项目信息服务工作。持续提升消费帮扶平台助农能力，积极开展消费直播，加快推进帮扶产品等进专馆专柜销售。

附录1

2023年葡萄酒产业大事记

2023年也许是葡萄酒行业最难的一年。在通货膨胀、俄乌冲突、能源价格上涨等多重因素影响下，全球葡萄酒产量、消费量双双下降。但综合来看，传统市场稳住了阵脚，新兴市场则取得了长足进步。中国葡萄酒市场依然风起云涌，喜忧参半。年度最大亮点是产区的国际化营销和产与销的双向奔赴，或将成为连续11年处于深度调整期的中国葡萄酒产业走出低谷的起势。

一、国家支持

（一）刘国中副总理出席国际葡萄与葡萄酒产业大会开幕式并致辞

2023年6月9日，中共中央政治局委员、国务院副总理刘国中出席国际葡萄与葡萄酒产业大会开幕式，并在致辞中表示，中国政府高度重视葡萄与葡萄酒产业发展。习近平主席曾亲自深入宁夏贺兰山东麓葡萄种植基地考察，为产业发展指明了方向和路径，寄予了殷切希望。本次大会以"自然、创新、文化、生态"为主题，交流产业可持续发展经验做法，共商国际合作大计，具有重要意义。葡萄与葡萄酒产业具有经济、生态、文化等多元价值，是促进区域发展和农民增收致富的重要依托。中国将立足特色自然资源、完备产业体系和超大规模市场，大力促进葡萄及葡萄酒产业不断迈上新台阶。当前国际葡萄与葡萄酒产业挑战和机遇并存。中方愿与各方一道，加强经贸合作，推进科技协作，深化文化交流，强化政策沟通，促进产业开放融合，共创美好未来。

（二）刘永富会长一行在宁夏调研葡萄酒产业发展

2023年9月13日至15日，全国政协委员、原国务院扶贫办党组书记、主任，中国乡村发展志愿服务促进会会长刘永富一行赴宁夏调研葡萄酒产业发展。其间，宁夏回族自治区党委书记、人大常委会主任梁言顺，自治区人大常委会党组副书记、副主任白尚成，自治区人大常委会副主任董玲，自治区人民政府副主席王立，自治区政协副主席王和山分别会见刘永富会长一行。自治区乡村振兴局、宁夏贺兰山东麓葡萄酒产业管委会、中国乡村发展志愿服务促进会产业促进部等领导陪同调研。调研组先后前往银川市西夏区、闽宁镇、中宁县等地了解葡萄酒产业发展情况，其间召开了宁夏葡萄酒产业调研座谈会。

刘永富在讲话时强调，中国葡萄酒产业任重道远，要从多个维度考虑评估，尽早确定规划实施方案，抓紧、抓实中国葡萄酒产业工作组的功效，同时工作组要以蓝皮书为抓手，推动多方达成共识，保证中国葡萄酒产业蓝皮书的专业性和高质量，内容的鲜活性与创新性，为政府、社会提供专业准确的信息，让政府根据蓝皮书对产业进行定位，提出准确的政策和要点。他表示，中国乡村发展志愿服务促进会将积极发挥组织协调作用，工作组成员提供专业意见、做专业工作，充分利用平台优势，创新形式，为企业、协会、政府赋能，共同推动中国葡萄酒产业的高质量发展。

二、产业政策

（一）工业和信息化部等十一部门联合发布《关于培育传统优势食品产区和地方特色食品产业的指导意见》

2023年，工业和信息化部等十一部门联合发布《关于培育传统优势食品产区和地方特色食品产业的指导意见》，将葡萄酒产区宁夏贺兰山东麓，新疆天山北麓、伊犁河谷、焉耆盆地、吐哈盆地，山东烟台，河北昌黎、怀涿盆地，云南迪庆葡萄种植基地，吉林通化野生山葡萄种植基地，辽宁桓仁冰葡萄种植基地等11产区列为优势食品产区。

（二）《限制商品过度包装要求—食品和化妆品》国家标准发布

2021年，国家市场监督管理总局发布《限制商品过度包装要求—食品和化妆品》（GB 23350—2021）强制性国家标准，2023年9月起实施。该标准涵盖31

类食品、16类化妆品，包括茶叶、酒类等，已经为企业和市场设置了两年过渡期。新标准明确规定，食品或化妆品内装物的体积用净含量乘以必要空间系数来表示，必要空间系数的取值依据产品而定。实施后，不符合新标准要求的产品不得生产、销售或进口。

（三）宁夏颁发72本国有农用地土地经营权不动产权证

截至2023年12月28日，宁夏创新出台葡萄酒产业用地确权登记政策后，积极主动服务葡萄酒企业开展用地确权登记。已为25家酒庄（企业）颁发了72本国有农用地土地经营权不动产权证书，总面积约2.68万亩，办理11笔抵押登记，抵押金额为36 322.3万元，为葡萄酒产业高质量发展提供了合法清晰的权属保障。

三、创新发展

（一）宁夏贺兰山东麓葡萄酒产业私募基金管理有限公司成立

2023年，宁夏贺兰山东麓葡萄酒产业投资发展集团在宁夏国家葡萄及葡萄酒产业开放发展综合试验区先行先试，注册成立了全国首个葡萄酒产业私募基金管理公司——宁夏贺兰山东麓葡萄酒产业私募基金管理有限公司。该公司将聚焦当前产业特色和优势，吸收引进民间资本及私募基金投入葡萄酒产业，探索新模式、新路径，推动资本链与产业链、创新链、人才链深度融合，开拓合作共赢新局面。

（二）首届中国葡萄酒产销大会举办及中国葡萄酒馆深圳旗舰店开业

2023年10月8日，由葡萄酒协会协作委员会主办，红源文化传播（深圳）有限公司、常春藤葡萄酒市场研究机构承办，首届中国葡萄酒产销大会在深圳成功举办。9日，中国葡萄酒馆深圳旗舰店开业迎客，全国11大产区50家酒庄产品亮相品鉴，开启了中国葡萄酒国际化、市场化新模式的探索之路。

（三）京东平台选品贺兰山东麓产区

2023年9月13日，"打造产区名片 共创千万单品"京东平台宁夏葡萄酒选品会在贺兰山东麓国际葡萄酒博物馆举办。京东集团拥有高效的自营物流体系、全面丰富的营销渠道、创新的技术服务水平等优势资源，能及时满足和回应消费者的新期望、新需求。近年来，宁夏与京东合作搭建宁夏贺兰山东麓葡萄酒京东营销矩阵，举办贺兰山东麓葡萄酒京东电商节等系列活动，为产区线上营销创造良好的开端。

四、企业动态

（一）中国首支葡萄酒推广基金——天塞基金发布

2023年9月5日，新疆天塞酒庄有限责任公司在"天塞杯"首届中国葡萄酒推广先锋人物暨第四届天塞霞多丽女神大赛新闻发布会上宣布成立中国首支葡萄酒推广基金——天塞基金。

（二）张裕获"2023全球最强葡萄酒&香槟品牌"榜单第一名

2023年8月，全球权威品牌价值评估机构Brand Finance发布"2023全球最强葡萄酒&香槟品牌"榜单，张裕以83.2分的最高分成为"全球最强葡萄酒与香槟品牌"榜单第一名。此外，Brand Finance还公布了"2023全球最具价值的葡萄酒&香槟品牌"榜单，张裕以12亿美元的品牌价值位列全球第二。

（三）挖酒集团收购美夏、桃乐丝

2023年4月，挖酒集团成功收购了在大中华区酒类市场屹立24年的精品渠道运营商——美夏。5月30日，挖酒集团在上海举办"美夏名庄"发布品鉴会，并正式对外公布美夏国际酒业成为挖酒集团的全新生意支柱。7月17日，美夏国际贸易（上海）有限公司和西班牙桃乐丝家族Familia Torres（Miguel Torres S.A.）于上海签约，并联合宣布：双方达成在中国市场的战略合并协议，桃乐丝家族将投资入股挖酒集团旗下的美夏酒业，共同将中国市场的进口葡萄酒及烈酒业务推向新的高度，而美夏酒业将收购桃乐丝中国。

（四）中信国安葡萄酒加入中信碳账户

2023年，在7·12"全国低碳日"之际，中信国安葡萄酒业及旗下尼雅葡萄酒，正式加入中信银行信用卡"绿·信·汇"低碳生态平台，成为"中信碳账户"

一员，与飞凡汽车、快电、美团等共同开拓绿色消费场景，倡导全民绿色低碳生活方式，持续推动社会绿色低碳、可持续发展。

（五）张裕收购澳大利亚歌浓酒庄股权

2023年12月13日，烟台张裕葡萄酿酒股份有限公司公告，拟收购澳大利亚歌浓酒庄有限公司1.5%的股权。根据公告，张裕拟以391 081.18澳元（约合人民币184万元）的价格，收购两家公司持有的歌浓酒庄1.5%的股权。这两家公司系张裕在歌浓酒庄的合资股东。2017年12月，张裕公司宣布收购歌浓酒庄80%股权。2020年8月，张裕再次宣布收购歌浓酒庄15%股权。

五、营销国际

（一）河西走廊葡萄酒拓展日本市场

2023年3月7日至11日，由甘肃省商务厅、省酒业协会、省葡萄酒产业协会和河西走廊葡萄酒骨干企业组成的经贸代表团，赴日本东京参加了第48届国际食品和饮料展览会，其间举办了河西走廊葡萄酒出口新品发布推介会。甘肃省葡萄酒产业协会与日本东和商事株式会社签订了战略合作框架协议，莫高、祁连、国风等葡萄酒企业与日方企业签订了出口销售合同，签约金额2 160万元。

（二）以酒为媒，宁夏开启葡萄酒文化旅游国际分享会

"以酒为媒——宁夏葡萄酒文化旅游分享会"是宁夏回族自治区在海外将文化和旅游推广与葡萄酒品鉴有机结合的全新模式。从2023年6月开始，先后在澳大利亚、新加坡、西班牙、美国举行分享路演，以酒为媒，推介宁夏文化、旅游，传播中国声音。分享会形式新颖，受到所到国家和地区的欢迎和好评。

（三）烟台葡萄酒在欧盟推广

2023年12月11日至20日，烟台市政协主席、葡萄酒产业链链长于永信带领工作团队奔赴欧洲开展产业推介、友城合作和国际交流，9天3国8城市，涉及21个主产区和消费市场，密集开展各项公务活动32场次。代表团先后组织举办了烟台葡萄酒在法国巴黎、波尔多，西班牙马德里重大推介活动。推介烟台城市形象和展示葡萄酒产业态势，释放了烟台产区坚持品质、打造品牌，谋求合作

的积极信号。

六、展览展会

（一）第三届宁夏葡萄酒博览会规模、成果创历史纪录

2023年6月9日，国际葡萄与葡萄酒产业大会、第三届中国（宁夏）国际葡萄酒文化旅游博览会在宁夏银川开幕。本届大会共签订融资、投资、销售类项目224个，协议总金额307.2亿元，其中投资项目89个计205.1亿元，销售项目131个计53亿元，融资项目4个计49.1亿元，涵盖酒庄建设、文化旅游、葡萄酒销售等多个方面，创下宁夏葡萄酒集中签约金额的纪录。

（二）第六届中国国际进口博览会酒类中葡萄酒占79%

2023年11月10日，第六届中国国际进口博览会落下帷幕。根据官方数据，进口酒类产品是亮点之一。参展的酒类展品数量达1 261款，来自653家展商，其中：葡萄酒数量为1 003款，占比最高，约为79.5%；烈酒数量为144款，占比第二，约为11.4%；白酒品类只有33款，占比相对较低。

（三）ProWine Shanghai 2023展会创十年来最大规模

2023年11月8日至10日，ProWine Shanghai2023在上海新国际博览中心举行，为ProWine Shanghai展会十年来最大规模。共计27 363名专业买家，增长超81.7%，其中，来自酒店、餐饮及三、四线区域买家的数量明显增长，51.8%为非上海本地的观众。32个国家或地区超660家展商参与，增长超45%，国际展商占比超75%。本次展会约有90家中国酒庄参展，也是ProWine Shanghai中国葡萄酒历史之最。

（四）中国葡萄酒行业年度市场发展论坛发出新信号

2023年12月27日，由中国酒业协会葡萄酒分会主办的中国葡萄酒行业市场发展论坛在海南举行。论坛释放出了新思路、新理念。

宁夏回族自治区人民政府原副主席郝林海指出，中国葡萄酒产区时代已经到来，要立足产区风土，讲好文化特色，酿出特色产品，扎扎实实种葡萄，老老实实酿好酒，坚定地走酒庄酒的路子。

国务院发展研究中心市场经济研究所副所长王青指出，中国葡萄酒要更多地关注主力消费人群，通过新场景的触达和体验，提供满足消费需求的多样化、个性化产品，进而与消费者建立深厚的文化认同感。

北京农学院食品科学与工程学院酿酒工程系主任李德美提出："尊重市场规律，了解消费者喜好，重视消费者的饮食文化习惯；区分不同层次的消费者和不同饮用场景的需求；对葡萄酒消费者的教育，要从培训转为宣传。"

天塞酒庄庄主陈立忠认为，品质是我们与消费者对话的底气，要跑出中国葡萄酒品牌的加速度。只有认真预判行业趋势，理性确立发展战略，才能冷静思考如何转"危"为"机"。

附录2

葡萄酒产业促进乡村振兴典型案例

宁夏闽宁镇："小葡萄"，逆境成为"大产业"

闽宁荒滩地，葡萄好风土。自"吊庄移民"以来，闽宁镇立足葡萄酒产业"大生态、大文化、大产业、大旅游"战略视角，践行"产业扶贫断穷根，农民鼓起钱袋子"的脱贫理念，深入挖掘闽宁风土与葡萄酒产业发展的内生动力，积极营造葡萄种植生境与产业发展环境，大力创新葡萄酒产业发展新动能、新模式、新业态。目前，葡萄酒产业已成为带动闽宁脱贫攻坚、乡村振兴的龙头产业，获得了中共中央、国务院授予的全国脱贫攻坚楷模荣誉称号，入选首批国家农业产业强镇（葡萄酒）名单。

截至2023年，全镇酿酒葡萄种植面积达8万亩，葡萄酒年产量2.6万吨，人均可支配收入预计达18 117元，生态移民收入1/3来源于葡萄产业。小葡萄串起了脱贫攻坚、乡村振兴的"紫色希望"，奏响了闽宁葡萄酒产业"飘香国内，走向国际"高质量发展的"紫色乐章"。

一、逆境而生：产业萌芽期的播种拓荒（吊庄移民初期：1997—2000年）

（一）从跟随者到开拓者

20世纪80年代初，从西海固被"吊起"的第一批移民，开拔进入了被称为"干沙滩"的宁夏闽宁村。在恶劣的自然条件下，闽宁村第一代移民开始了艰苦拓荒。

（二）从戈壁荒滩到荒滩披绿

得益于闽宁戈壁滩昼夜温差大、无霜期长等特性，这里的酿酒葡萄糖分充足且不易受病虫害的侵袭。与此同时，闽宁镇酿酒葡萄种植基地深得贺兰山庇护，贺兰山不仅为其削弱了寒流东袭，更阻止了东南季风西进，直接降低了腾格里沙漠风沙东袭所造成的巨大自然灾害。此外，闽宁镇得黄河自流灌溉之利，又无旱涝之虞。因此，闽宁村所在的戈壁滩是世界公认的葡萄生长"宝地"。

然而，"宝地"的初始生境并不适宜酿酒葡萄种植。于是，在极其恶劣的条件下，第一代移民开始了艰辛的开荒造田、土地整治、修渠挖沟等葡萄种植生境开发任务。与此同时，为解决闽宁土壤中有机质缺乏问题，移民靠人力挖沟填埋、抛撒有机肥，极大提升了沙砾土、灰钙土中有机质的含量；为抵御风沙肆虐，移民们营造出了荒漠戈壁的防护林。终于，移民们在这片荒滩上种下了亘古荒原上的第一茬葡萄苗，让蛮荒千年的闽宁村戈壁滩充满了绿色的希望。

二、逆境而行：产业起飞期的破局之路（"造血式"扶贫时期：2001—2014年）

产业萌芽期的艰辛开拓为闽宁镇葡萄酒产业起飞奠定了良好基础，也是移民"搬得出，稳得住"的关键一步。然而，酿酒葡萄种植配套基础设施条件差、销售难两大问题接踵而至，犹如两座大山重重地压在正处于产业起飞期的闽宁镇。

（一）强筋健骨：完善葡萄酒产业配套基础设施建设

首先，闽宁镇利用自治区资金扶持不断扩大翻土平地、荒地整治、防护林建设范围，与此同时，扶持资金的注入迅速提升了闽宁镇葡萄种植农田水利、田间道路、小型农机等配套设施水平。至此，闽宁镇呈现葡萄种植基地面积扩大化、基础设施完备化特质。

（二）多维并进：扩展酿酒葡萄及成品销售渠道

为解决酿酒葡萄种植规模扩大与销售困难的问题，闽宁镇多维扩展销售渠道，积极应对产业成长阶段的突出问题。一维：种植户。起初闽宁镇种植户以集市售卖、制作葡萄衍生产品售卖为主要销售方式，家庭酒作坊的兴起极大地畅通了葡萄酒销路，且所获收益显著提升，这是奠定闽宁"酒庄酒"基调的开局。二维："支部+农户"。闽宁镇通过"支部+农户"组织形式，集中闽宁镇酿酒葡萄产量、存量等信息，与酒厂进行销售谈判，显著提升了对话过程中的"话语权"，这一组织形式创新极大缓解了闽宁镇葡萄销售难的问题。

截至2010年，闽宁镇人均可支配收入由开发建设初期的500元，增长至8 500元。在酿酒葡萄特色产业带动下，截至2015年底，闽宁镇1 461户5 144人完成脱贫，占贫困人口的95%，村集体经济收入累计超过600万元。

三、逆境而为：产业飞跃期的乘风破浪（脱贫攻坚决战时期：2015—2020年）

由于市场供需矛盾、技术壁垒等问题的存在，闽宁镇葡萄酒产业属性长期表现为经济理论中的"自然属性"。如何将葡萄的"自然属性"转化为"经济属性"，是闽宁镇"以产脱贫"的关键问题。

（一）强龙头：带动产业全过程的协同发展

为实现葡萄酒产业"以产脱贫"的提质增效，闽宁镇积极探索"政府+市场+农户"的三维共构模式，打出了"政策落实+龙头带动+技术赋能"组合拳。以龙头企业带动赋能葡萄酒产业发展新动能、新模式，旨在为产业注入生产标准、技术活力及市场化运作模式，着力提高农户产业在地收益与在地因产就业的便利性。

（二）补链条：构建更具韧性的全价值链体系

闽宁镇以"多链共振，齐头发展"，赋能葡萄酒产业高质量发展。近年来，闽宁镇通过增强前端投入品供应，保障葡萄种植基地所需；完善配套建设或引进相关制造企业，增强产业中后端配套供应能力；聘请专业技术团队、落实地方标准、组织分级评定等强化服务链。

（三）聚集群：激活产业竞争力提升的新动能

"葡萄酒+"集群的创新举措，为打造闽宁葡萄酒发展新高地注入源泉活水。近年来，闽宁镇规划集中建设宁夏葡萄酒设备加工制造园区，引进产区关联设备制造企业以及深加工企业，旨在以产业集群激活闽宁葡萄酒产业竞争力提升的新动能。

截至2020年，全镇种植酿酒葡萄8万亩，葡萄酒年产量2.6万吨，带动本地务工8万余人次，创劳务收入近1 200万元，人均可支配收入从开发建设初期的500元增长到2020年的14 961元。与此同时，闽宁镇6个村全部脱贫出列，累计脱贫退出建档立卡户1 633户7 046人。

四、逆境而强：产业高质量发展期的行稳致远（乡村振兴时期：2021年至今）

新发展阶段，为跑出闽宁葡萄酒产业"加速度"，跑向国际化，闽宁镇将依托自治区打造改革开放热土，着力提升闽宁镇葡萄酒品牌价值、产业融合价值、"葡萄酒+文旅"价值，助力葡萄酒产业高质量发展与乡村振兴深度融合。

（一）树品牌：扮靓闽宁葡萄酒"紫色名片"

闽宁镇积极探索"政府+企业"联结模式，政府依托闽宁镇"中国（宁夏）国际葡萄酒文化旅游博览会"等窗口，为闽宁葡萄酒"走出去"与"引进来"搭建平台；企业加强葡萄及酿造在地化、品质化等地理标志产品品牌建设，与此同时，利用大数据进行"互联网+"平台的搭建，拓宽闽宁镇葡萄酒品牌知名度。

（二）促融合：构建葡萄酒可持续发展新格局

产业融合是促进葡萄酒产业高质量发展的重要举措。近年来，闽宁镇积极整合镇、区多层力量，创新赋能，链式推动，倾心打造闽宁葡萄酒高质量发展增长极。"'葡萄+葡萄酒'共同体"的打造，实现了生态保护与产业发展的互促共赢。"市场化创投公司+政府资本平台"的高效融通，增强了闽宁镇葡萄酒产业龙头化、链条化、集群化等产业发展韧性。

（三）兴IP：打造"葡萄酒+文旅"高质量发展新业态

"葡萄酒+文旅"是闽宁镇葡萄酒产业高质量发展的必由之路。闽宁镇将"葡萄酒+文旅"拆分为"酒文融合"与"酒旅融合"，以此推动闽宁葡萄酒产业与戈壁生态农业、旅游休闲、农耕体验的深度融合。红色葡萄酒文化旅游带、闽宁红酒一条街等文旅活动的成功举办极大提升了闽宁葡萄酒产业的文旅价值。

绿色发展是高质量发展的底色。近年来，闽宁镇葡萄酒产业深入贯彻"两山"理念，积极推动"追青逐绿·碳新路"实践迈上新台阶，葡萄酒产业生态扶贫、节水增效等生态价值显著提升。

未来，闽宁镇将持续聚焦"以产业振兴促乡村振兴"的总体要求，用好闽宁镇被授予全国脱贫攻坚楷模、东西部对口扶贫协作、全国民族团结进步模范集体、国家葡萄及葡萄酒产业综试区四张"金字招牌"，积极探索以新质生产力促进酿酒葡萄产业高效智能绿色发展路径，打通束缚产业发展的"梗阻"，提升产业发展的"加速度"，助力闽宁葡萄酒产业高质量发展与乡村振兴高效融通。

参考文献

[1] 甘肃省商务厅网站：《河西走廊葡萄酒抱团拓展日本市场》，2023年3月17日。

[2] 工信微报：《工信部等十一部门联合印发〈关于培育传统优势食品产区和地方特色食品产业的指导意见〉》，2023年3月29日。

[3] 房玉林等：《陕西葡萄产业现状及发展建议》，《中外葡萄与葡萄酒》2022年第5期，第1—5页。

[4] 高丽等：《北京延庆葡萄栽植越冬防寒技术研究》，《北方园艺》2014年第19期，第215—217页。

[5] 高幸等：《基于价值链模型的上海葡萄产业发展研究和经验启示》，《北方园艺》2021年第10期，第141—146页。

[6] 郭光等：《甘肃省酿酒葡萄生产机械化发展情况调研分析》，《农机科技推广》2022年第4期，第55—57页。

[7] 韩永奇：《中国葡萄酒产业发展现状、问题及对策研究》，《新疆农垦经济》2020年第11期，第70—77页。

[8] 佳酿网：《内卷下的酒水零售业如何自救？一位20多年酒业老兵给出"破局密码"》，2023年12月14日。

[9] 酒海导航：《行业数据2022深圳酒市调研报告》，2022年7月15日。

[10] 酒业家：《成都葡萄酒市场回春，还要多久？》，2022年6月7日。

[11] 酒业家：《国产葡萄酒一线调研：走量难但市场接受度稳步提升，福建表现亮眼》，2023年8月22日。

[12] 酒业家：《长三角地区年葡萄酒消费量占全国的1/3，其中浙江省年葡萄酒消费量增幅达60%以上》，2023年4月9日。

[13] 酒业家：《国庆葡萄酒市场调研：奔富等头部进口品牌影响力强劲，100—200元成动销主力》，2023年10月6日。

[14] 乐酒客：《酒友到杭须知！2022搜罗杭州25家葡萄酒餐饮&Wine Bar指南》，2022年7月15日。

[15] 乐酒客：《收藏！2022最新搜罗成都15家葡萄酒餐饮Wine Bar指南》，2022年7月22日。

[16] 乐酒客：《2023最新合集|34家杭州葡萄酒吧&餐厅攻略》，2023年2月7日。

[17] 李华主编：《酿酒葡萄极简化生态栽培手册》，科学出版社2023年版。

[18] 李华主编：《中国葡萄酒产业发展蓝皮书（2022）》，研究出版社2023年版。

[19] 李华、王华：《一种适应我国埋土防寒区可持续葡萄栽培模式》，《中外葡萄与葡萄酒》2018年第6期，第68—73页。

[20] 李华、王华：《中国葡萄酒（第二版）》，西北农林科技大学出版社2019年版。

[21] 李华、王华：《极简化生态葡萄栽培》，《中外葡萄与葡萄酒》2020年第4期，第47—51页。

[22] 李述成等：《基于专利分析的宁夏葡萄酒产业技术发展现状及对策研究》，《宁夏农林科技》2021年第8期，第75—78，82页。

[23] 李振亭：《葡萄种植常见病虫害及绿色防治技术》，《农业灾害研究》2023年第4期，第13—15页。

[24] 刘春涛：《"以酒为媒——宁夏葡萄酒文化旅游分享会"在新加坡成功举办》，新华社，2023年6月25日。

[25] 刘略天、万鹏程：《江苏酒市深度调研②——南京：地产酒把控主流价格带，高端商务用酒看好》，《华夏酒报》，2023年7月20日。

[26] 尼雅红酒生活：《中信国安葡萄酒业加入"中信碳账户"，共创绿色低碳消费场景》，2023年7月14日。

[27] 宁夏新闻网：《京东平台在宁夏选品，一到三年时间打造千万级葡萄酒单

品》，2023年9月14日。

[28] 宁夏新闻网：《宁夏颁发72本国有农用地土地经营权不动产权证》，2023年12月29日。

[29] 葡萄酒E周通：《产销聚力，创变通渠，中国葡萄酒产销研学圆满收官》，2023年10月6日。

[30] 葡萄酒商业观察：《杭州某葡萄酒店铺为何突然下架四五十款产品？》，2021年3月12日。

[31] 葡萄酒研究：《酒类包装新规9月起实施》，2023年4月27日。

[32] 葡萄酒网（putaojiu.com）：《白葡萄酒和桃红葡萄酒销量正在超过红葡萄酒》，2023年12月13日。

[33] 唐文龙等：《中国葡萄酒市场的消费文化体系建设路径》，《中外葡萄与葡萄酒》2021年第6期，第98—104页。

[34] 宋希贤等：《中国主要酿酒葡萄产区环境条件与栽培方式比较分析》，《农业科学研究》2019年第4期，第13—16页。

[35] 王海燕：《宁夏贺兰山东麓葡萄酒产业发展趋势分析》，《宁夏农林科技》2015年第56期，第51—53页。

[36] 王华：《中国葡萄酒的风格》，《酿酒》2010年第6期，第5—7页。

[37] 王舒伟等：《"马瑟兰"葡萄在我国的栽培表现及研究进展》，《中外葡萄与葡萄酒》2019年第3期，第66—70页。

[38] 烟台葡萄酒：《跨山越洋 主动出击——烟台市葡萄酒产业链组团出海 在欧洲掀起"紫色旋风"》，2023年12月25日。

[39] 闫玥等：《宁夏贺兰山东麓酿酒葡萄与葡萄酒产业发展现状及对策》，《安徽农业科学》2024年第52期，第254—255页。

[40] 杨和财、程晓蓓：《以葡萄酒文化视角探索葡萄酒市场营销策略》，《中国酿造》2014年第12期，第163—165页。

[41] 杨和财、李全新：《西北葡萄酒产业资源优势向竞争优势转变的路径研究》，《中国农业资源与区划》2008年第5期，第54—57页。

［42］杨和财、薛宏春：《我国葡萄酒产业发展特征、路径依赖与战略选择》，《酿酒科技》2008年第12期，第126—128页。

［43］杨和财等：《葡萄酒包装设计与中国传统文化锚定研究》，《中国酿造》2017年第8期，第191—194页。

［44］云酒网：《成都，葡萄酒市场不安逸》，2022年10月15日。

［45］咏葡everwines：《桃乐丝与美夏达成中国市场战略合并，挖酒集团赋能双方释放新势能》，2023年7月18日。

［46］新浪财经：《预见2024：2024年中国葡萄酒行业全景图谱》，https://finance.sina.com.cn/roll/2023－12－19/doc-imzypqsz2780562.shtml。

［47］薛晨：《张裕加码澳洲葡萄酒，再收购歌浓酒庄1.5%股权》，《新京报》2023年12月28日。

［48］张阿珊：《银川市葡萄酒产业发展存在的问题及对策》，《现代农业科技》2020年第16期，第229，239页。

［49］张建生：《中国葡萄酒市场年度发展报告（2020—2021）》，西北农林科技大学出版社2021年版。

［50］张裕葡萄酒：《最新发布！张裕位列"全球最强葡萄酒&香槟品牌"榜第一名！》，2023年8月1日。

［51］中国酒业协会：《中国酒业"十四五"发展指导意见》，2021年4月9日。

［52］中国葡萄酒信息网：《天塞酒庄发起中国首个葡萄酒推广专项基金》，2023年9月7日。

［53］中国食品报融媒体：《出口，中国葡萄酒的另一条路？》，2023年3月7日。

［54］紫梦贺兰：《宁夏首家葡萄酒产业私募基金管理公司成立》，2023年9月25日。

［55］Estela：《第六届进博会总结：进口葡萄酒占比高，宁夏葡萄酒表现出色》，《葡萄酒》杂志，2023年11月17日。

［56］https://8wines.com/blog/wine-trends-everything-you-need-to-know.

［57］https://baijiahao.baidu.com/s?id=1769844170907376673&wfr=spider&for=pc.

［58］http://news.sohu.com/a/715626915_121446206.

［59］https://www.chinabgao.com/chanliang/18555582.html.

［60］https://www.chinabgao.com/chanliang/572107.html.

［61］https://www.sohu.com/a/700125153_121124458.

［62］https://www.theiwsr.com/the-changing-role-of-sparkling-wine-lifts-sales-in-the-us/.

［63］https://zhuanlan.zhihu.com/p/144568131.

［64］OIV, 2023. State of the World Vine and Wine Sector in 2022.

［65］https://www.oiv.int/sites/default/files/documents/2023_SWVWS_report_EN.pdf.

后 记

本书是中国乡村发展志愿服务促进会（以下简称促进会）牵头编写的乡村振兴特色优势产业培育工程丛书之一，是促进会关于中国葡萄酒产业发展的第二本蓝皮书。按照促进会的总体部署，本书是由西北农林科技大学葡萄酒学院、西北农林科技大学葡萄酒现代产业学院、国家林业和草原局葡萄与葡萄酒工程技术研究中心、陕西省葡萄与葡萄酒工程技术研究中心、中国食品科学技术学会葡萄酒分会、中国园艺学会葡萄与葡萄酒分会、葡萄与葡萄酒产业国家创新联盟、中国葡萄酒高等教育联盟、烟台张裕集团有限公司及常春藤葡萄酒市场研究机构等共同编写的关于我国葡萄酒产业发展的年度报告。

本书由西北农林科技大学原副校长、葡萄酒学院院长李华教授整理总体思路，设计撰写方案，召开专题研讨会，组织产业调研，统筹撰写工作。编写人员通过搜索查阅、调研咨询、企业座谈、数据分析等，沟通协调完成编写内容。在此期间，编写成员发挥了较强的分工协作能力，如期形成了初稿，又经促进会组织的专家初审会和专家评审会评审，最终形成了《中国葡萄酒产业发展蓝皮书（2023）》。

本书结构框架由主编李华教授审定，本书内容由李华教授统稿完成，撰写人员具体分工如下：

绪 论

    李 华 西北农林科技大学原副校长、教授、博士生导师

第一章 中国在世界葡萄酒产业中的地位

    李 华 西北农林科技大学原副校长、教授、博士生导师

第二章 中国葡萄酒产业发展现状

    刘 旭 西北农林科技大学葡萄酒学院副院长、教授、博士生导师

　　　　　刘树文　西北农林科技大学葡萄酒学院院长、教授、博士生导师

　　　　　杨和财　西北农林科技大学葡萄酒学院副教授、硕士生导师

　　第三章　中国主要葡萄酒产区发展现状

　　　　　李　华　西北农林科技大学原副校长、教授、博士生导师

　　　　　陶永胜　西北农林科技大学葡萄酒学院副院长、教授、博士生导师

　　　　　李记明　烟台张裕集团有限公司董事、股份公司副总经理、总工
　　　　　　　　　程师、技术中心主任

　　　　　宋育阳　西北农林科技大学葡萄酒学院副教授、博士生导师

　　　　　王　华　西北农林科技大学葡萄酒学院原院长、教授、博士生导师

　　　　　杨和财　西北农林科技大学葡萄酒学院副教授、硕士生导师

　　　　　张　波　甘肃农业大学食品科学与工程学院教授、硕士生导师

　　第四章　中国葡萄酒产销渠道发展现状

　　　　　张建生　常春藤葡萄酒市场研究机构主席

　　　　　王克亮　糖烟酒周刊记者

　　第五章　中国葡萄酒产业发展趋势与对策

　　　　　李　华　西北农林科技大学原副校长、教授、博士生导师

　　　　　房玉林　西北农林科技大学副校长、教授、博士生导师

　　　　　杨和财　西北农林科技大学葡萄酒学院副教授、硕士生导师

　　附　录

　　　　　张建生、杨和财、何佳欣、李兴斌

　　在中国乡村发展志愿服务促进会的全程指导和推动下，《中国葡萄酒产业发展蓝皮书（2023）》编写工作顺利完成。在此，向统筹规划、章节写作和参与评审的专家们表示感谢！本书由编委会顾问闵庆文主任审核。正是大家的辛勤努力和付出，保证了该书能够顺利出版。此外中国出版集团研究出版社也对本书给予了高度重视和热情支持，其工作人员在时间紧、任务重、要求高的情况下，为本书的出版付出了大量的精力和心血，在此一并表示衷心的谢意！感谢所有被本书引用和参考过的文献作者，是你们的研究成果为本书提供了参考和借

鉴。由于编写时间短,内容信息量大,本书可能存在一些有待改进与完善的地方,真诚欢迎专家学者和广大读者批评指正。

本书编写组

2024年5月